SASSP Think Tank Report 智库报告

上海发布 权威报告 每年新版

无主货币(2)

2015年中国数字货币研究报告

No main currency (2) : China digital currency report in 2015

沙 钱 石玉萍 姬明佳 著

上海社会科学院出版社
Shanghai Academy of Social Sciences Press

特别鸣谢

Okcoin

锡谷（上海）数字科技

耐耐云网

前　言

自2014年《无主货币——2014年中国数字货币研究报告》(以下简称《无主货币(1)》)出版以来,中国和世界各地的数字货币圈发生了许多值得关注的事件,数字货币产业并没有随着比特币市场的去泡沫化过程而受到抑制,数字货币技术及应用理念得到了更进一步的关注,更多的人开始理性面对数字货币现象。但随着数字货币实践的发展及进一步的深入,人们在积累了更多的实践经验的同时,也留下了更多的问题需要研究、探索。

随着中国共产党和政府倾力鼓励打造创新型社会,致力于改善制度效力和深化改革,推动社会经济结构转型的指导思想,深入社会经济实践,以互联网+为核心内容的互联网经济得到了充分发展和创新进步的历史契机,以互联网为基本依托的数字货币经济也迎来了新的发展机会。在此情况下,数字货币发展过程中的一些新老问题需要进一步地探讨和厘清,其发展成果也需要有研究层面上的界定和总结。

美国、澳大利亚等国家在2014年推动了对数字货币领域的相关立法进程,并取得了阶段性结果,英国等部分欧洲国家开始由政府层面对数字货币的政策性研究和法务界定,中国也推动了落实2013年末出台的"国五条"政策落实进程。包括中国央行在内的各国央行及银行界对数字货币的关注度进一步提升,一些欧美银行开始推动实施数字货币的实验性项目,为未来数字货币技术的发展及应用作准备。

从2014年下半年开始,比特币基础架构中的区块链技术开始被提炼和延展成为相对独立的技术理念和方法,成为数字货币延伸出来的并被认定真正可能影响未来的关注点。区块链技术的应用前景,为数字货币与实体经济、数字资产与实体资产提供了一条真正的连接渠道,数字货币面临全新的挑战和全新的机遇，也带来了未来发展的新课题。

我们试图将这些新的问题、新的环境条件，在并不单一的叙述语境中加以阐述，不是为了提供一种特定的评论，而是尝试将我们的思考，汇成一个关于问题的阅读文本，努力将这种思考变成大家更多的思考和某种行动，这就是本书的动议。

在本书中，我们对去年的《无主货币(1)》在结构上和叙述方式上作出了一定的调整，在收集采用必要的数据的基础上，不再过于注重采集数据的面面俱到，因为巴比特等数字货币数据服务机构已经为此做了很多工作，人们很容易在网上寻找到 Coindesk 和巴比特的专业数据分析资料，因此，我们在本书中尽量规避了重复性的工作。

在第一章中，我们把年度的十大事件串联起来对整个年度数字货币发展进程进行了描述，并在其中凸显了问题和事件意义，试图在事件文本中将观点、事件本身和意义影响置于现实环境中，同样不追求面面俱到，只是尽力做到意义的完整。

第二章是我们在本书中所作的新的尝试，我们为数字货币问题提供了有限的历史视角和历史表述形式，并在理论表达部分置入了制度经济学的语境，不再对要阐述的目标问题进行相对狭窄的货币学表述。这本身就是一种思考和观点的表达，据此，我们想说的是，数字货币问题已远不仅仅是简单的货币问题。一方面，现实的数字货币实践者依然在一些基础层面上存在很大的认识误区，需要在思维方式和认识维度上作更多的努力；另一方面，在更广泛的认识上，人们在数字货币理念"颠覆"现有制度秩序和麻木不屑的两端之间游离，显得茫然焦虑，这其中包括政策的决策者、银行行长、投资者和从业者。在这一章中，我们或为他们提供了一点新的思考素材。

第三章关于区块链技术的阐述，是将比特币还原至其基础架构上展现其原有的技术理念，以便更准确和更完整地把握数字货币的本质，在这部分内容中我们用自己的视角观察和评价区块链的结构，揭示其意义，为第五章和第六章更完整地铺展数字货币的问题和预示未来发展的内容，作了基础性准备。我们特别安排了第四章一个章节，来分析数字货币"种群"中几个架构和实践有所区别的模型，将竞争币这个数字货币界至今争议不断的问题，换了全新的角度展现出来，意图在于不仅要把竞争币置于现实的实践场景中观察，也试图在引入观念、技术等多元因素之后，更客观地审视竞争币。

在本书第五章和第六章中，我们提出的问题和借助于对未来的评判中，提出了一些有利于人们用新的视角认识问题的观点，特别是对数字货币的制度建构意义方面，这些研究和思考尚无人正面触及，相信这些尝试会引起更多的讨论。

我们这本书意图承接《无主货币(1)》的研究和叙述问题的风格与方法，尽量在不预设立场的前提下，理性地对问题进行多维度观察和探讨，只是为了向读者提供更多的思考角度，希望让读者有更多的启发。因此，书中所有的结论不意味着作者预先持有的观点。

本书的写作，得到了“巴比特资讯”的鼎力支持，宋万雨先生特地为本书翻译了两份作为附件的文件，这两份附件的中文版全文在国内都是首次面世。我们发现有些文件在被国内媒体选译中扭曲了很多原件的意思表达。另外，上海社会科学院出版社为本书的出版给予了一如既往的支持，在此我们一并表达谢意。

目　录

第一章 2014年数字货币十大事件回顾

很多人认为，整个2014年是比特币挤泡沫的一年，当然也是整个类比特币去中心化数字货币的泡沫破裂时期，至少自2013年末中国央行《关于防范比特币风险的通知》出台后，比特币走下“神坛”、从天上掉落至地下的过程，这其中伴随着影响比特币市场的重大事件接连不断，比特币产业链表现出冰火两重天，人们既可以感受到市场高位下坠的冷点，也可继续目睹比特币“矿业”的持续疯狂。重要的是，对比特币的思考在全球范围内持续扩散并向深度深入，一些国家在探索中率先对数字货币进行立法。

我们通过对2014年度发生的对比特币及数字货币产生重大影响的“十大事件”进行回顾和评论，大致可展示数字货币界在过去的一年中究竟发生了什么，以及产生了什么样的影响。

一、MtGox事件

2014年，甚至是至比特币诞生至今发生的影响最大且最富有戏剧性的事件，无疑是发生于2014年2月的全球最大的比特币交易所MtGox的“突然死亡”事件。这家注册于日本，并在很长时间内占据最大比特币交易市场地位的业界领头机构被证实其价值3.8亿美元的74.4万个比特币被盗的消息被证实。2月28日，MtGox负责人卡伯利斯召开记者会宣布，MtGox正式向东京地方法院申请进入破产程序。后卡伯利斯本人因涉嫌多项欺诈罪名，遭日本警方逮捕。

有关这件事及后续发展的报道，已被包括中国在内的全球媒体大量报道，而这件事情的最终真相和善后情况与其产生的影响相比，似乎已经变得不那么重要。即便是比特币之外的涉及数亿美元的金融欺诈或者纯粹技术性案件，都是极具媒体效应的重大事件，何况这是发生在争议不断的比特币行业，其影响之大自不待言，世界各地的MtGox用户损失惨重，尽管中国境内有较独立且完整的交易所市场，仍有部分中国用户遭遇损失。大量客户损失直接打击了对比特币及数字货币的信心，包括比特币持有者和投资者在内的质疑声不断，对政府监管的呼吁高涨，所有人，包括政府官方层面和立法机构，都直接感受到了来自比特币的影响力和风险，MtGox事件之后的2014年各国对比特币的政策和立法动向，无不带有MtGox的影响痕迹，直至其直接导致的全球交易市场的重新洗牌，中国市场就此牢牢占据龙头地位，其一系列后果至今乃至今后相当长的时间内，深刻影响着数字货币行业的发展。

从数字货币发展至今的产业链结构来看，主要交易所一直占据着这个领域客观上的核心地位，不仅有着极大的资产聚集效应，同时还是许多衍生交易品的主导力量，具备对数字

货币市场的调节能力，又是许多相关产业集中化的主要目标，进而始终是外界投资力量的关注和青睐目标，一旦数字货币的货币化特征趋于明朗，基于比特币的特殊理念和现行通行法律的羁绊，核心交易所最有能力成为这个领域的"最后贷款人"的角色，无论其是否愿意。

但MtGox事件后，市场普遍对交易所的信誉产生疑虑，根本上动摇了交易所的行业地位，事实，上交易所在数字货币领域的发展进程受到了极大影响和冲击。我们可以看到的是，MtGox事件后，中国以外的市场虽然造就了Bitstamp和BTC－E市场相对地位的上升，其都无法与当时MtGox的地位和影响力同日而语，一些区域性小市场却有机会不断涌现，抢夺市场份额；中国市场则在推出离岸期货业务后，火币网、OKcoin和796交易所则成为三大业务同构性、竞争性很强的市场龙头，坚持现货业务结构的比特币中国的市场地位则大幅下降。从后来交易

［美国民主党参议员、参议院国土安全和政府事务委员会主席卡佩尔在声明中表示，MTGOX事件提醒我们，不良和不受监管的金融机构可能会对信任他们的消费者带来损害，美国决策部门和监管机构应当从这件事件中汲取教训。

——引自《无主货币(1)》第114页］

所的业务动向可以看出，部分交易所大规模渗入了比特币挖矿领域，交易理财和杠杆化工具被广泛使用，凭借自身的财富聚合能力和行业优势，以及无可比肩的与政府沟通能力，在缺乏对冲机制的数字货币领域，交易所的现实功能和潜在能力几乎无可比拟。MtGox 路子走歪，人们没有看见交易所功能在中国以外市场的发展，中国的发展受到其影响，人们对交易所信誉仍然有所忌惮，尽管中国交易所发展势头较好，也尝试在衍生业务和交易品种方面作出了不少努力，但离数字货币拓展方面的真正龙头地位尚相距甚远。

MtGox 事件后，投资者对交易所管理系统和比特币安全性的疑问集中体现，这种教训带来的问题一定程度上推动了交易所管理系统的改善，一些主流交易平台甚至按照金融机构的标准制定了严格的内部管理制度，但显而易见的是，由于缺乏现成的监管和实施监管的法律，整个交易所系统管理缺陷导致的"安全事故"仍时有发生，2014 年 8 月，中国多币种数字货币交易平台"比特儿"发生 5 000 万个未来币（价值超 1 000 万元人民币）被盗事件，此事影响力远不及 MtGox，但这是发生在 MtGox 余波未平之际，人们的质疑扩散至整个交易所行业，而其中市场上对交易所内部欺诈可能性的怀疑，是对交易所行业伤害最大的因素。加上世界各地小交易所的小规模被盗事件也时有发生，这就进一步引起了这个行业客户赔偿、追赃、监管和适用法律等一系列基础性问题的讨论。

事实上，2014 年各国政策法律上的一些变化动态，多受到 MtGox 事件的影响，中国 3 月份由央行出面落实"国五条"[①]的一系列行动，就是切实感受到交易所风险所致，澳大利亚、美国等国家加紧立法进程，也在针对性上与此相关。尽管关于对数字货币的官方态度、监管问题和法律适用问题一直是各国讨论的焦点，但 MtGox 事件客观上推动了比特币在部分国家的法制化进程，其意义难以忽视。

另外，值得关注的是，发生在 2014 年初的 MtGox 事件被直接预期的悲观结论并未得到后来事实的验证。美国花旗集团货币分析师斯蒂文·因格

① "国五条"是中国人民银行等五部委于 2013 年 12 月 3 日正式发布的《关于防止比特币风险的通知》的俗称，因其内容共五条而得名，详见 http://www.law-lib.com/law/law_view.asp?id=437860.

兰德尔对此事影响的三点结论[①]是颇有代表性的，即对比特币交易和投资安全性的广泛质疑、各种竞争币的乘机崛起、传统金融机构利用数字货币技术与比特币展开竞争。就安全性质疑这点来说，短期内的效应更甚于一般质疑，人们似乎对交易所本身的质疑更大于技术性疑问，随着钱包技术和管理改善，这种质疑远未达成致命性程度；尽管一年多来，各国技术人员不断在推出各种特色迥异的竞争币，即便有些竞争币进入了主流币界的视野，那也是其本身特色所致，没有任何迹象表明，竞争币利用了比特币的缺陷占据高位或威胁到比特币在数字货币中的主导地位；倒是金融机构，包括花旗银行在内的知名银行尝试利用数字货币技术，试图进入全新的支付技术服务领域，这一趋势似乎愈加明显。

二、美澳立法引领各国对数字货币的官方行动

整个2014年各主流经济体对比特币及类比特币数字货币的态度，较前一年更加具体，且多以自身现有法律框架为基础，推动对数字货币法律定性、监管的立法进程，整体上各国多进入立法进程，动作不断，包括中国央行在内，一些模糊地带正在逐渐清晰化。

其中美国和澳大利亚从不同角度和不同方式的立法进程最为引人瞩目。

2014年8月，澳大利亚税务局(ATO)发布了比特币税收准则，[②]正式将比特币及相关业务行为纳入现有税务体系，也意味着将电子加密货币正式列入了现有的立法构架。这份税收准则总的基调没有将比特币当作是一种货币，也没有明确其金融资产的定位，而只是将其当作普通资产对待，其主要内容如下：

个人使用比特币——根据准则规定，个人使用比特币交易将不涉及任何货劳税及所得税。也就是说，如果个人用比特币购买商品或服务且仅用于个人需求而非商业目的，不会收到任何形式的税收申报表。

---

① 沙钱、姬明佳：《无主货币：中国2014年数字货币研究报告》，上海社会科学院出版社2014年版，第112页。

② 参见巴比特："2014年度各国数字货币政策法规动向报告"，http://www.8btc.com/? p=45749&preview=true。

企业使用比特币——如果企业使用比特币购买商品与服务，必须将此次购买的商品价值折算成澳元并记录，作为企业的收入入账。其过程就像在以物易物环节中取得非现金收入一样。如果企业出售商品服务获得比特币，那么企业可能就其获得的比特币缴纳货劳税。

资本利得——税务部门提出，作为一项资产，当企业清理比特币时，也可能涉及资本利得税。当然，任何资本获利都应减去可量化的常规收入。

使用比特币支付工资——如果企业雇员与企业签有合同，并且他们选择以比特币取代澳元作为工资收入，这类支付对企业来说类似于附加福利，雇主可能为此缴纳附加福利税。

挖掘(生产)比特币——以商业为目的的挖掘(生产)比特币所取得的收入将被视为应纳税收入。在挖掘(生产)过程中，发生的任何费用都将可以扣除，产生的损失适用非商业损失条款。

从上面各项表述可以看出，澳税收覆盖了几乎所有比特币可能涉及的经济行为，实现了比特币的"合法化"，更重要的是，它将比特币置于社会基本经济关系层面，使得比特币发展可能带来的新问题有了界定和解决的依据。因此，无论比特币从业者还是其他人满意不满意，对比特币和澳大利亚来说都是极为重要的一步。

相对于澳大利亚，因众多比特币相关产业及投资机构在美落户，2014年，美国对比特币的立法进程更引人关注。

首先是2014年1月31日美国金融犯罪执法网络(FinCEN)在最新公布的两项规则中，将比特币矿工和作为投资进行的比特币交易的企业从"货币发送者"名单中剔除了，从而解除了其法定的反洗钱审查义务。这是美国官方倾向于将比特币定位于货币的机构，对比特币的一次重大退让，也就是说，FinCEN现在不坚持"比特币是货币"的立场了。这是整个年度一系列立法动作的开端，同时表明美国官方明显向比特币"去货币化"方向倾斜的态度。几乎同时，纽约州开始就比特币监管政策问题举行听证会。但事实上，在这之前美国华盛顿州和加利福尼亚州已经出台了倾向于支持比特币作为货币地位的法律，而纽约州的立法听证过程，因其几乎涉及比特币的所有方方面面，进而受到广泛关注。包括产业链、消费者保护、支付优势、商户态度、监管及国际合作、风险和机会，所有有关比特币的基础问题、现实风险及热点问题都被拿出来晒了一遍。

3月26日，美国国税局(IRS)正式发文，确认比特币属于财产(property)，与其他有价商品类同。这是美国政府对比特币最明确的定性结论。这意味着，如果美国企业试图通过支付比特币来作为工资，此举将与通过支付黄金来作为工资的性质相同，将根据换算工资基准来缴纳所得税。同时也表明，比特币不是法定货币，其将只作为个人资产而存在。“使用虚拟货币来支付和使用其他财产来支付，均需要上报同等程度的信息(以作为报税参考)。”至此，美国对比特币的征税和监管的立法依据得以明确。

不久之后，美联储公布了其季度会议关于比特币的备忘录，这份文件涉及比特币对银行体系、经济活动和金融稳定三个方面影响的评估，结论是，在通常意义上的非法交易、安全性、市场风险、用户权益保护等方面存在诸多问题的担忧之外，美联储基本否定了比特币对现有银行体系，进而对金融体系的威胁。这份被称为“5月9日会议纪要”的文件，在认为银行业务越来越多地参与比特币领域活动的前提下，强调应该加强对比特币的监管。至此，美国税务和金融两块对比特币的官方政策基本定调。

7月以后，纽约州有关数字货币许可证的立法进程几经反复，终于在2014年年底落定，2015年年初，著名的比特币企业Coinbase获得纽约州牌照并启动在美国25个州监管之下的首次交易，美国以纽约州为代表的比特币监管立法进程就此初步完成。虽然美国政府的其他机构——包括银行业监管机构、美国证券交易委员会(SEC)、美国商品期货交易委员会(CFTC)和美国司法部(DOJ)等都仍然倾向于将比特币作为货币来监管，并为今后监管和司法系统留下了调整想象空间，但至少美国国税局的定位已经为当下的法律定位确定了基础。

无论如何，澳大利亚和美国对比特币的立法都有极强的示范效应与实际意义。澳大利亚立法基调更侧重于将比特币及其产业融入现有经济运转体系当中，美国的立法似乎更注重监管效应，包括更早些时间完成立法的新加坡在内，所有立法基调都没有承认比特币的法律地位，但在更开放的态度中促进新经济模式和技术创新的意义上，美国坚持和贯彻了这一指导原则，因而具有很好的借鉴意义。

与美澳和中国相比，2014年欧洲既没有进行系统和有步骤的立法行动，也没有大规模的有针对性的监管举动，7 月，欧盟银行业管理局（EBA）再度发出警告，要求欧盟银行远离比特币等虚拟货币交易，直到有关监管比特币交易的法案出台为止。这份警告使用的措辞是，欧盟银行“不应该再购买、持有、出售虚拟货币”。这一立场与中国央行的态度一致，且与欧盟央行早些时候的立场一致，但没有强制性政策出台。

由美澳立法进程引起，存在于数字货币界争议已久的关于比特币定性问题，一度重新成为关注点，比特币更适合于作为一种网络货币，还是作为一种金融资产？虽然从理论上讨论的意义并不大，货币本身就是一种金融资产，在美澳立法中将比特币定性为一种资产并不困难，而作为垄断货币发行权的现行国家主体，至少根本上远没有准备好能接受脱离其控制的货币生成方法，因而在现实中比特币成为法定货币缺少现实意义。但是，即便作为一种资产的存在，它最终成为一种合法交易品，并且能够在交易中承载财富价值、贡献税收，也能在适当的监管体系中融入整体社会经济关系。相对于中国对比特币官方态度的语焉不详，这个变化仍然是有意义的。

三、中国整肃比特币市场　揭底中国政策动因

作为 2014 年各国推动比特币规范化努力的一部分，中国官方在 3 月前后采取措施整肃清理银行和支付机构切割比特币业务的努力，更具实际影响力，3 月 21 日，国内某财经媒体爆料中国央行即将于 4 月 15 日关闭所有比特币交易的消息，3 月 27 日媒体在《中国央行禁止金融机构服务于比特币》称：“央行 3 月中旬发布通知，禁止国内银行和第三方支付机构替比特币交易平台提供开户、充值、支付、提现等服务，命令他们关闭为 15 家最大比特币交易平台开立的银行账户，切开金融机构与比特币泡沫之间的联系。”①

由于期间央行并没有对此类消息作任何证实或澄清，市场始终将信将疑，但随着许多事实迹象显露，央行整肃举措意在隔离比特币市场风险与金融机构的关联这件事上，正在具体落实“国五条”精神，而不是说说而已。比特币交易平台于 4 月期间先后宣布关闭第三方支付机构的提现充值服务。受此影响，全球比特币市场大幅震荡。在这期间，有媒体报道央行人员“高

① http://finance.caixin.com/2014-03-27/100657253.html.

规格”约谈比特币交易所高管，意在整肃交易市场秩序、控制市场风险，直至4月11日，中国央行行长周小川在一次公开访谈中声称，“比特币更像是一种资产和收藏品”，“作为资产的交易，比特币不属于我们的管辖范围，没有什么取缔的问题”。[①] 这一谈话，直接否认了传言中的央行行动，但没有否定央行在其“管辖范围”内的行动。5月6日，中国五大交易所联合发布行业自律声明，承诺自我约束，规范管理并控制风险，间接证实了央行为防控风险、落实“国五条”精神，对银行和支付机构的纪律约束，同时也对交易所机构防控风险施加了压力。这轮中国央行整肃风潮终告一段落。

这件事情，在比特币界被称为“3·21”事件，“3·21”事件是2014年客观上对比特币行情走势产生影响最大的事件，因这一过程中穿插大量似是而非的传言或谣言，其集中效应、不透明性和很强的针对性，颇具中国特色，相对于美澳的立法行动，中国官方的整肃行动的意义仍然是十分有限的，但它从MtGox事件中汲取教训、意在防范风险的针对性，具有极强的短期效应。

2014年晚些时候，《2013年中国人民银行规章和重要规范性文件解读》出版，[②]其中详细解释了2013年12月央行出台“国五条”的指导思想、政策原则和意义。从未对比特币和数字货币发布过官方态度文件的中国央行，在这份文件中间接但较全面地表达了对比特币的政策态度。无论如何，这是中国官方政策的第一个较为完整的诠释文件，从央行和文件解读习惯做法和意义理解来看，实际上这份以“本书编写组”署名，并由中国金融出版社出版的文件，实际上就是央行官方以间接方式发布的文件，从这个意义上看，除“国五条”之外，这份文件中关于比特币的内容部分才是中国央行真正对比特币态度的完整官方文件。

那么，这份文件透露出来的中国央行对比特币的真正态度，以及央行关注比特币现象的内在原因是什么呢？既然央行断然否定比特币是央行管辖范围，那么央行对比特币的“管辖”内容又是什么呢？

从文件对比特币特点的认知中，我们首先可以看出些许端倪，文件归纳

---

① http://www.8btc.com/nydfs-bitlicense-draft.

② 中国金融出版社2014年9月版，第87—94页，参见本书附件二。

的四个比特币特点是：一是去中心化，既没有集中发行方，转移也不需要依赖集中的登记机构，任何互联网用户使用任何一台接入互联网的计算机都可以参与制造和使用比特币；二是总量有限；三是不受地理区域的限制，可以通过互联网在全世界流通；四是匿名性，在“挖矿”、持有和交易过程中，用户均可以不使用实名。除了第二点之外，其他三点恰恰都是与现有银行体系，进而也是央行监管原则直接冲突之处。

在直接表达对比特币传输和商业交易的安全性后，文件集中表达了对比特币风险的“认知”——较高的投机风险、较高的洗钱风险和被违法犯罪分子或组织利用的风险。谁都知道，这不是比特币固有属性的风险，但却是央行重点关注的风险，哪怕是现实的派生风险。这些风险“认知”与世界各主要经济体中央银行的态度并无很大差别，但该表述清晰、直接，而且完整。

在该文件的第三部分“出台《通知》的主要考虑”中更进一步解释了央行政策制定的判断依据。在认定比特币容量规模小，在金融机构没有直接参与相关活动和与实体经济关联度缺乏的情况下，其负面作用有限，因此，只要采取适当防控措施即可达到抑制风险的作用，这也就解释了为什么当局最终没有彻底封杀比特币的另一层意思。

另一方面，文件直接表示了以交易所为主体的比特币投机性交易活动的风险担忧，特别点明杠杆交易、融币融资活动的高风险，“如果不加以限制，不仅将影响人民币作为我国主权货币的严肃性，也将对社会公众的财产权益造成损害”。

所有“考虑”就这两点，如此，对央行政策过多的政策诠释多少显得有些自作多情，同时，人们不难发现，在央行表面上大力处置银行支付机构参与比特币支付结算服务的同时，真正意图还是严控比特币交易所风险，这也就不难解释“3·21”事件最后的结果竟然是五大交易所的联合自律声明。

至于“国五条”本身的内容已经广为人们熟知，文件对《通知》概括了五条内容：一是明确比特币的属性，即著名的“比特币不是货币，是特定的虚拟商品”。二是明确各金融机构和支付机构不得开展与比特币相关的业务，具体表现为三条禁令，第一，不得以比特币为产品或服务定价；第二，不得直接从事与比特币相关的业务，包括买卖或作为中央对手买卖比特币、承保与比特币相关的保险业务或将比特币纳入保险责任范围、接受比特币或以比持币作为支付结算工具、开展比特币与人民币及外币的兑换服务、发行与比特币相关的金融产品、将比特币作为信托和基金等投资的投资标的等。第三,不得为比特币的交易提供支持,包括为客户提供比特币登记、交易、清算、结算等服务,开展比特币的储存、托管、抵押等业务。三是明确从事比特币相关服务的互联网网站必须进行ICP备案,实际针对比特币匿名性和交易所管理规范。四是“明确相关主体的反洗钱义务”。五是“明确要求加强对社会公众货币知识的教育及投资风险提示”。

对这些内容的意义诠释本身,透出一些值得思考的问题。在对第一个内容说明时,文件着重阐释的是比特币的非货币属性,其阐释理由即在于比特币与货币的法偿性相悖,除此之外,文件主要旁证于主要经济体发布的相关政策文件,而对于所谓“特点的虚拟商品”定义,几乎未作任何说明。当然,现在的央行机构作为一个货币管理的行政机构,从货币法偿这个既定的法律意义说明官方立场是顺理成章的。许多国家的官方文件说明也多从这个角度表态也是确实的,从针对时局中投机风险这一具体问题时,官方如此表态并就此作出的说明也已足够。但这里隐含的几个问题却不能不从另外的意义上作出解读。

首先,既然央行认定比特币是“特定的虚拟商品”,又未在“国五条”和此项说明文件中作任何解释,央行的这一认定,是其一种观点表述,还是具有法律意义的政策立场?如果是后者,央行从其只管自己管辖范围的事的一贯态度来看,这种政策立场的表述并不恰当,因为政策界定的主体不恰当,中国至今都没有对网络虚拟资产作出过完整的立法定性,相关法律处理只是依据最高人民法院转发的案例司法解释。行政部门类似的法律界定,严格来说,缺乏法律依据;如果是前者作为一种观点表述,“国五条”作为政策文件,不作任何解释,也是缺乏严肃性的。从具体实践效应来看,对比特币作为一种资产定义,还是货币定义,其意义完全不同,至今主要经济体官方都没有把比特币定义成与法偿货币等同地位的货币性质的,但美、澳等国都将比特币当作有法律意义的资产列入征税和监管体系。比特币是资产还是货币,一直是比特币问题十分重要的争论点。

其次,如果我们最终无法在学理、法理上认定比特币的货币性质,那么它还能否作为一种法理上的资产?即便认定它是法理资产,我们何以对其在一般运行中认定和征税？至今，没有迹象显示中国官方机构有检讨数字货币产业的税法问题，这就在事实上对比特币及数字货币产业形成了遏制。虽然，这与官方对数字货币总的态度一致，但基于税法和监管的空白，也给最终形成官方法律立场留下了调整空间。

文件对内容概括的第四项内容明确“相关主体”的反洗钱义务。这点在实践中未有争议，但在现行法律上仍留下了思考点。我国反洗钱法律主要是 2007 年实行的《中华人民共和国反洗钱法》，[①]与国际上通常做法的思路一样，该法律在第三章规定的反洗钱义务主体仅限于金融机构。2014 年 1 月，美国金融犯罪执法网络(FinCEN)最终将比特币矿工和作为投资进行的比特币交易的企业从“货币发送者”名单中剔除，解除了其法定的反洗钱审查义务。意大利立法机构在认定反洗钱义务主体时，也经历了类似的过程。显然，根据现有法律，这一反洗钱义务主体的认定，其意义涉及对比特币及数字货币本身性质的认定，解除相关行为和相关企业的反洗钱义务，并非当局对数字货币业务中反洗钱问题的忽略，而是对数字货币经营行为的金融性质的不认可，也就是说对比特币的货币属性的否定。同样的问题是，中国央行在处置比特币行业反洗钱义务时，事实上突破了自己《反洗钱法》关于反洗钱义务主体认定的范围，又绝对坚持对比特币非货币属性的定位，就从西方反洗钱法律处置原则(文件解释引用依据的西方法律政策)来说，至少中国以“国五条”为核心的数字货币政策，并不十分令人信服。

最后，关于“国五条”的成效，文件特别强调了对投机活动的遏制效果，再次显露了央行政策的主要针对性。无论如何，“国五条”和这份政策解释文件共同形成了中国以央行为主体的官方机构数字货币政策的完整态度，是中国在这之后相当一段时间内的政策主线，其核心就是以反洗钱和反投机为核心的风险防控，从政府层面来说，这个政策基调和实践执行上具有针对性和合理性。但从法理和实践的长远视角看，远非完美。

四、瑞典美国矿机商获高额融资，矿机竞赛登峰造极

尽管 2014 年比特币去泡沫化过程较为明显，但在比特币挖矿领域的热

---

① http://www.gov.cn/flfg/2006-10/31/content_429381.htm.

度和竞争达到登峰造极的程度。2014年,数字货币界被注入各种风险投资,其规模、资金来源和投向目标种类,数量上均创下新高,其中比特币矿业明显居于突出地位。

所谓比特币矿业,是比特币产业链的基础层面,它是比特币基础架构上工作量证明机制(POW)的具体实现,参与者按照设定的规则,凭借自身设备的计算能力,按照特定算法,参与比特币特定的计算系统,从而产生比特币块链,据此得到比特币。这个过程当中使用的Asic专用设备的研制和市场布局,是这一产业链的核心,包括计算介入本身、矿机集中布点等内容在内的整个产业,被俗称为比特币矿业。

由于2013年比特币市场火爆、价格飙升,大大刺激了全球各地的Asic比特币矿机的研制投入,Asic硬件芯片技术在受到意外动力后,获得短时间内的突飞猛进,受到2013年启动的技术研发和投资的巨大惯性的影响,加上比特币价格去泡沫化过程,很多时间仍留给挖矿以不小的利润空间,2014年的大部分时间内,矿机新产品推出、矿场布局、芯片生产等高度活跃,对矿机技术及生产和集中布局的投资也十分活跃。风险投资对比特币矿机研制和销售市场的相对看好,并给予主要矿机厂商极大的投资支持。

最早研制成功20纳米技术的ASIC芯片的瑞典制造商KnCMiner,以两轮共获2 900万美元风投融资,成为2014年矿机商融资的标志性事件,也是风投直接介入比特币矿机领域"军备竞赛"的开始。直至2015年年初,旧金山芯片研制商和比特币矿池服务商"21 Inc"获得单笔1.16亿美元的巨额投资,矿机竞赛达到顶峰。在这一过程中,占据全行业40%市场份额的格鲁吉亚矿机商BitFury及其竞争对手Spondoolies-Tech先后获得2 000万美元和650万美元的投资,此外,中国矿机厂商SFARDS(理安科技)也获得了经纬创投数百万美元的投资。

随之而来的结果是,各地矿机技术以惊人的速度更新换代,据巴比特2014年度全球数字货币矿业报告提供的以中国国内某矿机商提供的自2013年年底起矿机设备更新换代数据为例:

2013年11月,比特大陆宣布55 nm挖矿芯片BM1380测试成功,主力机型S1,算力180 Gh/s,功耗约360 W;

2014年3月,同样采用BM1380的S2开始预售,算力100 Gh/s,功耗约 1 000 W；

2014 年 6 月，28 nm 芯片 BM1382 发布；

2014 年 7 月，采用 BM1382 芯片的主力机型 S3 发货，算力 440 Gh/s，功耗约 360 W；

2014 年 12 月，第二代 28 nm 芯片 BM1384 发布，主力机型 S5 开始销售，算力 1 130 Gh/s，功耗约 570 W。①

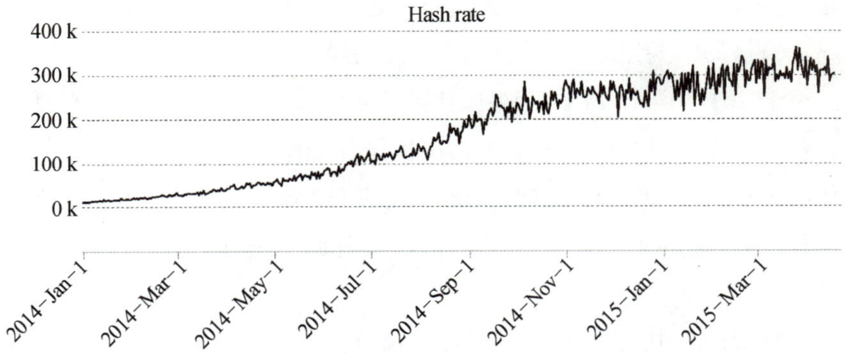

图 1－1　2014 年比特币全网算力变化态势②

与矿机研制迅速发展紧密相关的是比特币全网算力的急剧增长，图 1－1显示，比特币全网算力从 2014 年年初的不足 10 K，到年末一度达到 350 K 高位，翻了约 400 倍。与此对应的是，单位算力能够带来的比特币数量成反比下降，尽管矿机技术的进步使得单位算力的直接成本和单位能耗下降，但最终折算成资金成本的比特币产出成本仍大幅提升。由于该时期的矿机成本差异较大，也由于矿机配置规模和矿机布局的能耗成本差异，不少挖矿人更早进入边际成本线，利润空间被大幅吞噬，具有规模经济效应和能耗资源优选的挖矿人才能截取矿业利润，而算力规模较大的则更易获取便宜的能源资源，于是，激烈的矿机“军备竞赛”直接导致中小挖矿人不断被挤出市场，大型矿场应运而生，各种集合中小矿工的理财产品也方兴未艾。直至 2014 年年末，低迷的比特币市场价格终使得大批矿工退出，导致算力规模下降，以矿机研制、布局和矿池竞争为主线的比特币矿业终首现疲态。

① 数据来源：http://www.8btc.com/2014_mining_report。

② 同上。

作为比特币产业链中最基础最初端的产业环节，矿机研制集合了目前世界上芯片制作、设备集成最先进的技术精华，却也是现代技术制造最混乱最无管制的特殊领地，是现阶段整个数字货币产业生态的典型缩影，兼有市场经济形态典型的原始利益驱动、竞争效率和现代科技支持的技术先进性、最原始的市场欺诈层出不穷等看似难以融合的特点于一身。简单概括，这个市场和产品，技术高精尖、产品研制效率极高、更新换代迅速，与此伴随的却是，监管薄弱(至少在中国毫无监管)、遍地罗生门、骗局层出不穷。寓于市场竞争格局中最先进的东西和最原始的丑陋。

整个2014年到2015年1月，比特币界至少爆出近10起矿业丑闻，其中就包括美国政府指控并关闭著名矿机设计商蝴蝶实验室、氪能比特币被指认为传销骗局、美国国土安全部调查指责GAW Miners骗局、银鱼矿业破产案、人称烤猫的中国矿机大佬蒋信予失踪致其旗下云算力服务停止等事件。

比特币矿业由比特币的工作量证明机制设置而产生并成为比特币初端产业，其解决的是比特币不可逆的产出节奏和规模，是比特币供给信用的依据，也是数字货币领域争议较大的关注点，因挖矿过程中高能耗和设备的高淘汰率导致的高昂成本和浪费，已有争议更加激烈，随着算力资源集中化、中小矿工被挤压和其高昂成本的业态受到最终市场价格遏制，整个比特币矿业的前景开始受到怀疑。

五、英国财政部发布对数字货币政策态度专题报告①

2015年3月，英国财政部根据其对大量信息的征询和意见收集，编制了题为《数字货币：对信息征集的回应》的专题报告，这是主要经济体政府(非央行系统)第一份对比特币及数字货币问题的官方政策态度的说明文件，由于英国政府的意见征询计划启动于2014年8月，本书将其列入2014年事件序列加以归纳总结。

作为市场经济制度最成熟和具有最悠久历史传统的英国，至今仍是世界上最主要的金融中心和最有影响力的货币制度执行者之一，其政策法律

---

① 译文本书附件一，本节引用均来自此。原文参见本书。

已极具影响力，英国对数字货币的态度不仅具有象征意义，在政策思路上有示范效应和启示意义。自比特币诞生以来，各国央行不同程度地表达过对比特币的政策意见，包括欧盟央行和英格兰银行都出具过较系统的报告，但在政府层面上，除少数国家直接表达过态度之外，系统的政策说明文件，仅此英国财政部的这份文件。

这份文件明确提出了“关于数字货币科技和这个领域”的政府目标，那就是：

1. 明晰和确定用户、企业以及其他各方在处理数字货币相关活动时如何适用现有的法律与监管；

2. 限制罪犯和恐怖分子利用数字货币从事非法活动的任何机会，并为有效识别和检举那些已发生的非法活动提供支持；

3. 支持新技术的研发与应用，推动支付系统、金融服务和其他相关部门的竞争与创新；

4. 支持英国的货币与金融稳定，监测数字货币在英国的使用范围并定期评估风险。

这一针对性和原则性都很强的政府目标，基本上展示了作为政府机构，在数字货币问题上合理恰当的态度，也显示了文件发布方成熟老到的理念方法，超越了许多国家政府还在纠结的承认不承认数字货币合法地位的思想窠臼，将政府一贯的打击犯罪的监管、治理目标，与支持创新、鼓励市场竞争的原则，直接结合起来，而不是对立起来，这种既有前瞻性又具现实性的政府立场，实际上并不等于一套

二战时期，美英与德日意成为敌对国，由美国人担任总裁的国际清算银行仍正常运行，敌对各方仍保持着与其正常的业务往来。

英国工党对英格兰银行与国际清算银行之间的往来持怀疑和批评态度，敦促英财政部作出解释。

英国财政部这样解释：

“这个国家在国际清算银行拥有多种权利和利益，这些安排都是基于各国政府之间的协议。切断与该银行的关系不符合我们的最佳利益。”（转引自《货币战争》中信出版社2007年版，第138页）

这是英国财政部，也是英国人尊崇市场原则和市场契约传统的一个例证。

英国财政部《数字货币：对信息征集的回应》是在数字货币问题上，体现其一贯的对市场经济原则的尊崇和维护，这也是英国始终保持其在世界金融市场举足轻重地位的原因之一。

看得见摸得着的政策体系，它更是立场宣示和理念原则的表述，通过政府文件的方式加以表达的态度原则。

在这份文件的主要内容表述中，英国财政部提出了四项政策措施建议和承诺，即将数字货币纳入反洗钱监管，以纯洁创新环境；研究和确定监管执法方法，切实防止数字货币用于犯罪；与英国标准协会和数字货币行业共同制定消费者保护标准；增加1 000万英镑预算，与英国科技部下属研究机构和其他研究机构合作，设立专项研究基金。

显然，美、澳立法进程也是政府推动的立法进程，直接面对了比特币监管、税收、反洗钱、消费者权益保护等具体问题，并在短时间内得到了对数字货币问题的法律框架。从政府立场上看，英国政府与美、澳，尤其是与美国基本一致，但英国并没有匆忙推进自己的相关立法进程，却以这种方式直接表明了态度。从文件发布和其内容上看，面对数字货币这一基于技术发展所产生的新生事物，在技术和理念推动下，仍然对未来发展存在很大的并不十分确定的预期以及巨大想象空间的情况下，不急于付诸立法，实际上也为政策制定留下了充分调整的空间，一旦法律制定不适当，也会限制它的发展。我们就此可以看到英国这个市场经济发源地的政府的老道和成熟。

当然，这份文件的令人感兴趣之处，不仅仅在于英国政府的态度，在以征询者意见方式表达的关于数字货币的表述，文件面面俱到地罗列了十六个数字货币的“好处”，这是迄今为止最系统全面地阐述数字货币优势特点的概括。这中间除了被广泛认知的数字货币支付效率、透明度、保护隐私、防止伪造和避免双重支付等方面的优势之外，还提到了数字货币溢出效应带来的好处。

> 政府致力于使银行为所有客户的利益加强竞争，关键是鼓励支付——为银行业提供通道——的更大创新。政府打算为创新支付和金融科技创造一个世界领先的环境。在2015年的预算里，政府宣布了一系列措施以解决与数字货币有关的主要犯罪和消费者保护风险。这些措施的目的是为合作行为人创造有利的环境，并为非法使用者创造一个不利的环境。
>
> ——摘自《英国财政部数字货币：对信息征集的回应》

数字货币网络的可达性，这种科技有着对社会中其他银行或非银行提供支付或其他金融服务的潜力。多数回复认为，在英国以外的地区扩大接受度的机会很大，比如，在缺少建设银行基础设施的国家以及很大比例用户没有银行账户的国家。数字货币也有可能改善英国的金融包容性。

当我们一直讨论数字货币未来可能带来的变化，很少谈及由数字货币的“草根性”及去中心化特质本身给金融结构在其中心化构造及成本要素作用下的局限性带来的可能的改变。通常来说，“服务于大众”是现有金融体系最弱的环节，尤其是中国现有金融结构中习惯性问题，当联合国机构褒奖孟加拉、印度的农村小额金融实践时，我们知道，这也是世界性的问题，是现代金融的缺陷或不足。分布式网络的低成本和去中心化机制带来的低成本有可能使银行不愿做的业务覆盖至更广泛的人群。这份文件特地肯定了数字货币网络可能带来的好处，间接表明了正确的政府立场。

（征询者）回复也讨论了对增长和更广泛的经济的潜在积极影响。一些人计算了交易增效带来的总的好处。一个数字货币开发者提到现金流效率更快为商业带来的好处：将使企业资本得到比目前更高效的利用。许多不同的利益相关者认为，数字货币技术作为一种破坏现有支付模式的创新技术将增加支付和银行服务的竞争，并激励现有的玩家改善他们的客户理念。各种数字货币用户、企业、银行、咨询机构和学院也谈论了这种科技催生的新型商业在这里经营对英国公共部门经济增长的好处，至少包括创造就业和产生税收。

显然，政府机构毫无例外地关注数字货币给公共领域带来的好处。在对数字货币争议不断的时期，这份文件提到了数字货币给公共领域带来的政府机构不能忽视的三个好处：“现金流”效率的提升有助于资本效率的提高，这在根本上提升经济体竞争力；再有就是就业和税收。关于资本效率的提升，尽管目前还没有确切数据印证，但在不针对这点的数字货币潜力描述和其基础架构上支付效率的显现上，已经不难推断“现金流”支付时间和支付成本上的优势，仅此一点，推断资本效率的提升就不是妄断。至于就业机会的创造和税收方面的好处，目前已经初见端倪。只是中国政府自动“放弃”征税，不是姿态矜持，也不是不屑，或更基于未来对该产业有全面合理的判定。

文件特地为比特币的底层技术列出了四个方面好处：

一是分布式分类账技术的意义上，该技术作为一种创新促进快速、高效及安全地通过互联网转移所有者数字资产的重要性：提供了一个发生了什么的永久记录，过程不需要第三方监督。

二是其他应用显示的该种技术的潜力：记录债券、股票、证券和其他金融工具的所有权。数字货币用户、企业。学院以及咨询机构提出这种技术适用于多种其他情况，如记录需要定期更新，需要身份验证或身份证明。反馈表示数字“签名”功能和时间戳数字资产可能用于有效与牢固地保持数字文件的记录，包括私人和公共记录的保持，例如护照、驾驶执照、犯罪记录、土地注册与数字投票。

三是进一步的应用是把数字货币技术用于智能合同，相关利益者把数字货币描述为“可编程的货币”或货币“内置功能”，使用户能够把需求编码变成为支付指令以实现自治，自我执行合同。这种技术能提高产权转让、偿还贷款等支付可自动发生及一旦指定条件满足即“调整以适应”(adjusted)的这样一些活动的效率。

四是使用这种技术的其他例子，包括去中心化数据储存解决方案(使用区块链技术存储文件安全有效)、加密的对等通信网络以及“智能财产”连接和物联网。比如，一个回复提到了一家主流科技公司使用区块链技术研发智能设备(比如能联网的家用电器)，这些设备能彼此沟通、维护和半自治的自我更新。

十分明显的是，这几乎就是目前被广泛讨论和推崇的比特币基础架构中的区块链技术的应用优势或前景。英国财政部敏锐地发现并突出了比特币基础技术中最具应用价值的优势，是其前瞻性的表现，也使得这份文件更具价值。

在阐述数字货币的“障碍”部分，文件直接表述的内容是缺乏监管，称“这已经给企业造成了一些不确定性，这还使整个行业都难以证明其公信力与合法性”；对银行和现有金融体系的威胁，“一些回复认为银行几乎没有为在具体分析的基础上评估公司的真实风险做过努力。一些人认为数字货币和其他金融科技初创企业代表着对现有的金融机构和支付系统商业模型的潜在竞争威胁”；价格波动及缺乏消费者权益保护等。

在政府选项部分，文件引人瞩目地表明，超过80%被征询意见者都提到了希望政府对数字货币领域采取监管措施，部分意见建议敦促银行和金融机构采用数字货币技术进入现有支付系统和国家发行的货币。

在对征询意见表达的“政府回应”部分，文件表达了如下三点：

1. 政府认为，数字货币意味着支付技术的有趣发展，分布式、对等网络和加密技术的应用使有效与安全地转移数字货币基金成为可能。政府注意到，诸如小额支付和跨境交易是目的最明确的潜在优势。

2. 除了零售支付服务，政府认为有机会探索支撑着数字货币系统的分布式分类技术的一系列应用，如零售支付、金融服务以及更多。

3. 然而，虽然这种技术提供了相当的潜力，到目前为止，世界范围内的消费者和零售商采用数字货币的仍然相对较少，科技和围绕着它产生的产业都还处于萌芽状态。有证据表明，数字货币公司在运营的这个市场的功能并不是像它应该的那么好，在当前，适度监管为合规数字货币用户与企业提供一个有利环境是一个好的方案。

我们不排除这份政府文件在选录意见时可能具有一定的倾向性，但至少在某种程度上可以认定，英国政府和数字货币从业者的成熟性，这种成熟性给我们的启示在于：(1) 全面和理性的特色，这种态度不仅仅表现在其对问题的立场和观点上，更在于明显显示了其对政府所承担的责任的清晰认识和理性判断。文件后半部分直接表明了对数字货币带来的非法活动不妥协的态度，也十分清楚地表示了对风险的担忧，这与大部分国家官方态度并无不同，但这丝毫没有影响对作为创新和技术进步的数字货币这个新事物给社会经济可能带来的积极变化的积极预期，以及在这一事物中的政府存在，尤其在推动其积极发展和防止负面影响方面无可替代的政府责任。(2) 英国政府采用向从业者和研究者广泛征求意见的方式，这在各国政府实践中独树一帜，显示了老牌市场经济社会中政府的老道和理性。相信各国官方政策制定过程中都不乏意见征询过程，包括中国官方也有包括政府支持的研究项目在内的相应的程序和渠道，但只有英国财政部把意见征询做成一个公开的政府计划，并有着高度的透明度。显然，这不是为了透明而透明的纯粹程序性要求，从文件展示的内容来看，这个政府计划不仅收获了内容全面的意见，还明显感受到不同角色参与者的深度参与感，使得政府最后可能的政策有着充分的意见依据和事实依据，最大限度地保证政策的适宜性和有效性。

因此，无论从何种意义上看，英国财政部的这份报告文件的示范效应都不能被低估，且超出了数字货币本身的范围。

六、比特币市场全年震荡下跌，全年累计跌幅近 55%，去泡沫化改变深度影响比特币生态链

自 2013 年年末中国“国五条”发布后，比特币从 7 000 元人民币一线高位跌落，至 2014 年全年走出“去泡沫化”行情，期间一度反弹至 5 800 元一线，但无法改变震荡下跌走势，直至年末跌破 2 000 元人民币，甚至在 2015 年 1 月 14 日暴跌至 930 元左右的崩盘水平。

随着比特币价格持续下跌，比特币整个产业链受到极大冲击和影响，深度改变了比特币乃至整个数字货币的“生态”结构，其具体表现大致有以下几个方面：

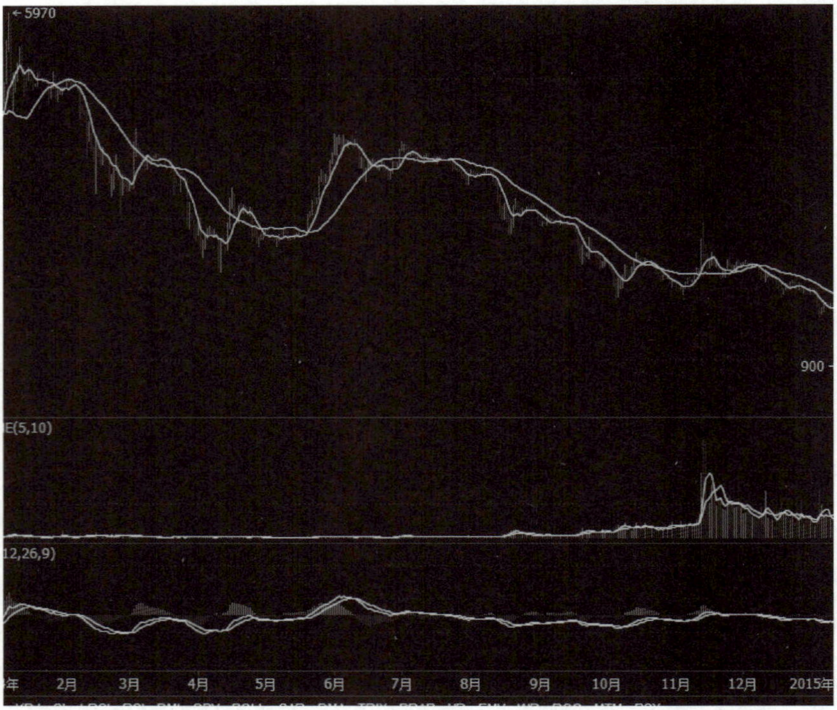

图 1－2　2014 年年初至 2015 年年初比特币现货市场价格走势[①]

① 图表数据来源于“比特币中国”。

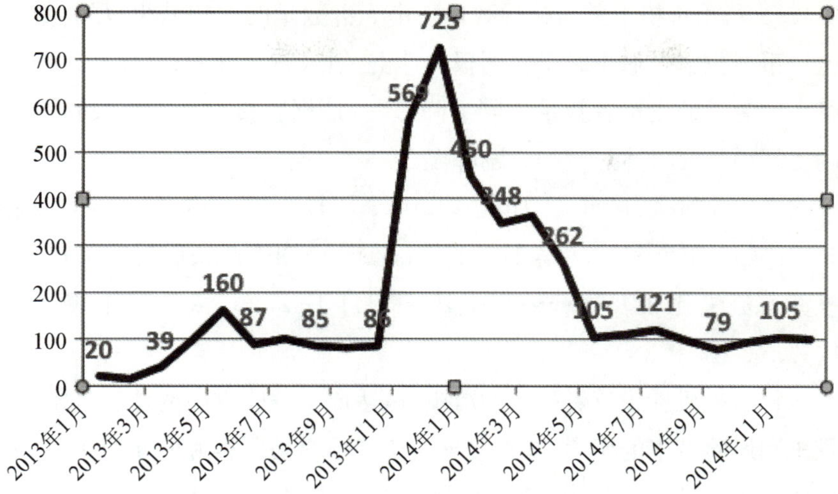

图 1－3　2013—2014 年比特币主题 QQ 群建群数量变化[①]

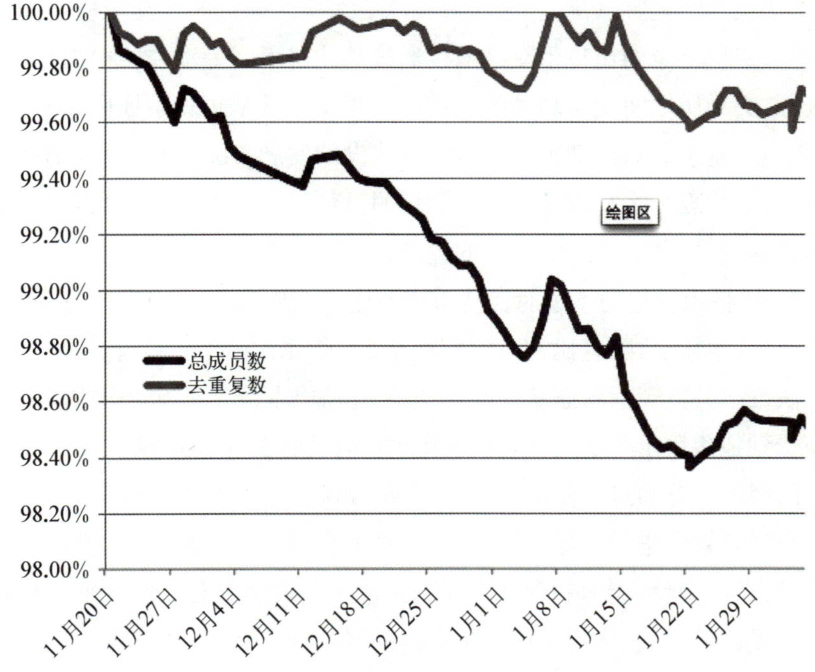

图 1－4　QQ 群人群数量趋势变化[②]

① 图表数据来源于“巴比特资讯”，参见 http://www.8btc.com/community-report。

② 同上。

1. 比特币价格下跌直接导致比特币人群数量的大幅减少，尽管数据显示比特币钱包数量似乎并未受到很大冲击，但毋庸置疑的是，比特币市场以投机目的为主的投资者数量急剧下降，这一证据直接表现在以投机客为主体的比特币社交群体热度的急剧降温。

图1-4选取2014年11月至2015年1月173个群的数据，根据巴比特专题分析："最近三个多月，总人数一直在减少……图表两条线对比可知，12月老投资者流失比较严重……1月15日到1月27日，人数又下降了一个层次。"①

比特币投机性投资者群体的减少，虽达成了政府方面的监管诉求，减轻了投机潮风险带来的压力，却直接导致比特币交易所客源的相对萎缩，就中国市场而言，很长时间坐稳交易所老大地位的"比特币中国"，明显被Okcoin、火币网的期货业务抢占客户资源，同时加上比特币空头行市的挤压，迅速从老大位置跌落，总体客户资源萎缩又急剧抬高了交易所之间的客户竞争，资格更老的比特币交易网也通过并购聚币网等动作，维护自己的客户资源，交易所之间交易品种的比拼很大程度上是基于竞争原因，但另一方面，激烈的竞争关系推动了交易所自身建设的发展，几大交易所分别在技术支持、内部管理和客户服务等重要领域明显加强了竞争力，一般客户也能直接体验到交易所能力较2013年的进步。

2. 比特币价格的下跌对比特币产业生态影响最大的则是比特币矿业。临近2014年年底，随着比特币价格跌至2 000元人民币一线，比特币矿业再也无法维持其繁荣活跃态势。大批处在边际成本线上的矿场退出，矿机生产商受到拖累后出现倒闭潮，比特币算力增长势头受到遏制。整个比特币矿业的降温和算力进一步集中已成趋势，如此，比特币产业规模总量缩减，比特币现货筹码进一步集中，大户对市场的控制力进一步增强，投机盘散户在交易市场上套利能力和套利空间受到进一步限制，如此，反过来又会限制比特币人群的增长，比特币传统生态链的持续性受到深度威胁。

3. 受到比特币价格持续下跌的深度影响，整个数字货币界各类经营活动受到成本大幅提高的冲击，许多经营活动难以为继，真正的开拓性创新型

① 巴比特："2014年度数字货币社区活跃度报告"，http://www.8btc.com/community-report。

业务推进受到遏制，而包括经营破产、骗局变异等“事件”丑闻层出不穷，行业信誉进一步受损。包括2015年爆出的香港Mycoin事件[①]等，也均源自2014年度至2015年年初漫漫熊市。除了比特币矿业的各种“事件”外，较为著名且有影响的事件还包括比特儿钱包被盗事件、英国Moopay监守自盗事件、比特币存钱罐被盗事件，以及多起波及多国的疑似与传销有关的事件。虽然从根本上看，数字货币界发生的诸多丑闻、骗局，与数字货币本身无关，更不是数字货币的固有性质所致，但从行业态势看，丑闻骗局也不是中国独有，发生在世界各地的骗局和丑闻多有同质化特点，显然，这与整个业界缺乏监管和法律规制分不开。因此，严格意义上讲，比特币价格的持续下跌是丑闻频仍的诱因，数字货币行业发展初期阶段的客观混沌和行业标准、业务标准不严格以及缺乏监管，或是根本原因。

七、多项风投揭开区块链技术兴起之幕

相对于比特币矿业来说，2014年对专项的区块链技术项目的风险投资并不显得特别引人瞩目，但2014年8月区块链API服务提供商Chain获得由Khosla Ventures领投的950万美元投资、2014年12月Blockstream和矿业公司PeerNova分别获得2100万美元和860万美元的风投融资，这两家企业分别声称融资资金将用于侧链技术的研发或转型做高级区块链应用，如存在性证明、资产传输等。[②]

这几项投资意味着主流比特币创业企业转向提炼比特币基础技术的延伸开发的实质性开端，与此同时，关于区块链技术的研究和推广的各种谈话、演讲和论文逐渐增加。一股围绕区块链技术的思潮涌现，区块链技术的理念表述和应用研究逐渐取代比特币理念，并终在2015年形成势头，全球各地银行及金融界、数字货币界直至硅谷技术界争相加入这个从比特币基础架构中提炼出来的技术研讨和开发。

本书第三章将把区块链技术作为数字货币发展过程中形成的一种趋势

① 2015年2月，香港比特币云挖矿平台Mycoin被多个客户举报未按约支付客户收益，最终引爆涉案7 400万港元的“旁氏骗局”，此案与早先爆局的氪能云挖矿骗局有关。参见http://www.8btc.com/mycoin-74-millions。

② 巴比特：“2014年度数字货币创业投资报告。”

加以讨论。

八、期货交易崛起，比特币交易市场重新洗牌

2014年数字货币交易市场最重要的变局莫过于中国火币网、Okcoin和796交易平台开设离岸期货交易服务，并迅速崛起为数字货币交易市场规模极大的主流业务。

实际上中国较早的比特币"期货"交易服务在2013年的GBL倒闭跑路事件中留下了很大阴影，而中国又有严格的期货业务监管审核体制，要在中国开始以数字货币为标的的期货业务困难重重。随着比特币价格下跌、客户流失和交易平台之间竞争的加剧，酝酿已久的期货业务终究被主流交易所相继推出。

Okcoin自2014年3月起便开始内测"融币融券"业务，796交易所6月开始测试相关软件，货币网6月初组建研发团队，9月1日便正式上线期货业务，其效率和几乎同时推出业务板块，也说明了交易所之间很高的竞争烈度。

由于期货业务的展开，比特币交易市场发生了几个重要变化：

首先是信用交易规模急剧扩大。期货业务展开之前，部分交易所变相信用交易或多或少已经存在，而期货业务展开之后，以期货保证金本身的大杠杆交易方式为主导，包括融币融券业务在内，各种信用交易产品不断出现，交易规模随之急剧膨胀，2014年3月，比特币单日成交量上破10万个大关，最高达到35万个之巨，成交金额突破15亿美元。除了期货交易本身特质的因素外，多频交易和各种自动交易软件的使用是成交量暴增的重要原因，成交量指标从此失去技术分析意义。

其次是交易所行业地位结构发生重大改变，相互竞争白热化。原居中国交易所行业老大的比特币中国因坚持不设期货业务板块，相继被几个期货交易平台超越，客户大量流失，Okcoin、火币网和796形成三足鼎立之势，中国境外交易平台更不能与之相提并论。

再次是各交易所为争夺客户资源，以大杠杆信用产品为吸引客户手段，使得信用交易产品的提供达至顶峰，目前市场上高达20倍杠杆和同样高杠杆率的融币融资产品已成常态，随之而来的是投资行为的高风险，由于目前

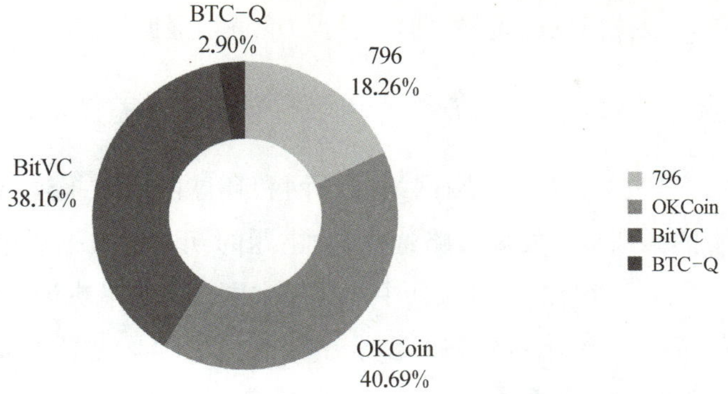

图 1-5　2014 年 12 月 21～27 日几大期货平台 BTC 周合约交易量占比[①]

比特币期货交易服务直接由交易所全链条提供，没有各种交易商居间，投资者高风险直接关联交易所风险，因此，整个期货行业都处在高风险态势当中，尽管交易所方面也设置了自己的风险内控机制，但由于一方面业态结构本身的高风险，另一方面，交易所往往还有类似做市商角色的行为，角色和经营行为本身有错乱隐患，因此，风险控制效率存在内生性对冲，整体风险隐患难以完全消除。2014 年 11 月，火币网期货平台 BitVC 在急剧波动行情中出现大面积爆仓，其他交易平台也相继出现类似情况，引发争议，最后中国比特币期货界发明了爆仓损失投资者分摊的新机制。[②]但风险转嫁实际上并没有消除风险本身。

最后，由于期货市场是伴随着比特币价格持续走熊开始的，2014 年冬季至 2015 年年初，比特币价格加速下跌，从期货行情来看，期货价格波动甚于现货市场，跌势更加凶猛，于是投资者当中指责期货市场对比特币跌势推波助澜，甚至业界舆论认为正是期货市场将比特币价格推向深渊。一般认为，在 2013 年年底比特币价格冲向高位之后，以中国为代表的各国政府都致力于遏制比特币市场泡沫可能带来的社会风险，进而不同程度地采取遏制投机行为、防控金融风险的措施，加上比特币业界自身的市场基础存在较大问题，比特币价格的挤泡沫过程并非不正常，更不是某种交易机制导致的价格跌势。至 2015 年后，期货市场的投机性和双向灵活性，反而多次率先

---

① 数据来源：巴比特资讯 http://www.8btc.com/2014-futures。

② http://www.bitcoin86.com/news/6347.html.

在价格低位区域拉出反弹走势，期货对冲效应逐渐显露。

九、虚拟货币主题官方研讨会举行，中国数字货币研究升温

2014年11月，主流互联网网站新华网和环球网同时报道，以“互联网金融背景下的虚拟货币发展策略选择”为主题的互联网虚拟货币研讨会在京举行①。出席研讨会的人员包括中国智库中国经济前沿决策顾问中心、国家发展和改革委员会宏观经济研究院、中国人民大学马克思主义学院和新华社《金融世界》杂志等官方半官方机构的研究人员。当月，连续多年由《财经》杂志协办的半官方的三亚国际财经论坛首次举办数字货币专题论坛。这两场几乎同时举办的活动，是中国首次有官方背景的数字货币主题的研究性讨论会，尤其是后者，前央行副行长吴晓灵和数字货币业内人士同台演讲讨论，在业界受到很大关注。

2013年年中国主流学界对数字货币的研究论文数量很少，且多集中于比特币之前的虚拟货币研究，但2014年仅“中国知网”收录的数字货币研究论文就超过100篇，论文撰写作者遍及高校、央行、研究机构、地方专业机构等，主题也涉及从基础理念到反洗钱等广泛领域，国家和地方两级研究基金也支持扶持了多个以数字货币为主题的研究项目。显然，中国主流学界自2014年对数字货币的研究升温成为事实。

但随着官方背景的研究力量逐渐介入研究，中国数字货币研究中暴露出来的问题也显得日益突出。首先，各种学术资源和研究人员各自为政，学术研究毫无规划，盲目性极大，系统性和针对性都不强，使得刚刚起步的研究就有明显的学力资源浪费、学术成果质量不高等现象的存在；其次，因传统学界陈规陋习所致，研究普遍存在脱离实际、闭门造车的问题，缺乏深入调查研究，终致研究效率低下。实际上中国目前对数字货币专业研究最强的仍在央行和银行系统，但央行和银行系统所追求的学术性目标比较淡化，政策性和专业性较强，而数字货币的跨领域跨学科特点又使得学术性提升难度很大，这既与我们的人才结构有关，也与我们的学研体制有关。尽管中国数字货币研究温度提升，但与欧美相比，如果中国的研究和学术进步仅仅

① http://finance.huanqiu.com/zl/2014-11/5194054.html.

靠业界自发的专业力量，恐终究导致在数字货币界的整体性落后，更难期盼在政策法律上摆脱羁绊，引导整个业态成为未来经济结构的真实创新力量。

2014年11月三亚国际财经论坛上，一些知名人士发表了其对比特币及数字货币的研究观点。

前央行副行长吴晓灵认为，法定货币与私人货币的共存是人类的常态，法定货币之外的货币成为私人货币，我们现在最典型的私人货币就是商业票据，只要别人认可你的商业票据，那它都是可以作为货币存在的，私人货币有实物形态也有数字形态，刚才谈到的商业票据就是私人货币的实物形态，数字形态就是在社区范围之内大家认可的这种包括Q币还有现在的比特币可以说没有国家权力的认可，但是它在一定的社群之中可以被认可，这是一个私人货币。

中国投资公司副总经理谢平认为，除了比特币，人类已经在探讨网络货币、另外一些货币的可能性，所以说席勒教授也说了，比特币有泡沫，但是我们有更好的支付系统，人们在网络上需要新的支付系统，自适应的互联网货币，胡祖六教授知道，他是在哈佛毕业的，就说最早哈耶克他们曾经设想过人类按照某种规则发行货币，而不是央行集中控制，央行控制最大的特点就是通胀。

前中国银行副行长王永利认为，网络清算跟网络交易密切相连，这个（比特币）更容易做到7×24小时T+0清算，大大降低成本，大多数互联网客户数超过大一点的银行，最大的银行跟最大的互联网公司的客户数现在不能比，这个形成客户规模信息客户黏性方面的明显优势……使得我们的传统银行清算体系受到很大的冲击，如果没有根本性的变革的话，传统银行清算体系可能会面临着一个由主体变成附庸的一个变化。

（本节摘引自新浪财经三亚国际财经论坛专辑
http://finance.sina.com.cn/focus/2014_sycjgjlt/）

十、暗黑币造新热点　竞争币整体走衰

2014年年初，一种名为暗黑币的新币种正式发布，它基于x11的新颖独特算法，以其强有力的加密性吸引眼球，得到数字货币圈的青睐，成为2014年最受关注的竞争币种类，也是近期竞争币业态的代表性现象，短期内其价格爆炒至20美元左右，一直占据数字货币市值的前列。实际上数字货币领域在2014年最重要的“币种”信息当属以太坊升级版数字货币系统

的发布，中国则有元宝币“太一”系统的发布，但这些不能简单归属于竞争币序列。

竞争币与比特币相比，一直存在两大倾向：一是刻意锻造与比特币有所不同且在某些方面有所提升的独到新颖特点；二是基本克隆比特币结构的完全山寨型币种，试图在市场上获取一席之地。暗黑币是第一种倾向的典型案例，也创造了竞争币为数不多的新神话。就暗黑币而言，其基于11种加密算法超级安全哈希运算，将加密性推至登峰造极的地步，从而在突出匿名性的同时，也大大强化了安全性。

与暗黑币同时期的部分竞争币开始追求应用场景和延伸功能的开拓，但局部性亮点并没有改变竞争币整体颓势的态势，包括莱特币、点点币等曾经短暂辉煌的币种，在2014年市场上缺乏亮点和发展态势，无可避免地陷入市值、人气双双走低的局面，除少数币种外，2014年全球各地竞争币大量增加的势头未变，但整体人气退潮。这固然与比特币大势直接关联，但竞争币的“竞争性”不足和其自身缺乏核心价值的局面是竞争币整体态势不佳的主要原因。本书第四章专题分析竞争币模型和内在利弊问题。

第二章　历史和语境

相对于2013年度，2014—2015年间，去中心化数字货币的发展进入一个相对沉寂期，以比特币为代表的各类币种的市场表现，在经历了长达一年时间的持续下跌后相对趋稳，尽管这期间大量新币种涌现，但绝大部分“竞争币”的市场表现差强人意，一些带有新理念并附加在特定商业模式中的新币种的创新并没有给数字货币带来真正的关注点；另一方面，经过短暂的政策性波动引起的认识争议之后，从官方、银行、学术研究等各个层面对数字货币的态度和认识逐渐趋于理性，对数字货币基础层面上的认真研究逐渐展开，美国、澳大利亚等国与数字货币相关立法进程得以实质性推进，中国对数字货币的非技术类研究大量增加，官方和半官方的数字货币议题不再是禁忌，特别是2014年下半年以来，区块链技术及其理念被凸显至特殊高度后，数字货币技术应用前景被广泛讨论和高度关注。数字货币被置入一个更广泛的认识范围和思想境域中认知和研究。

无论如何，比特币（众多去中心化数字货币中的一种）作为货币现象、技术现象和思想理念，其意义诠释和本体性认知，并没有随着其市场表现的“退化”而变得趋于平淡，反而愈加丰富和深入。值得注意的是，银行界对比特币及数字货币支付技术的研究，较上个年度大幅增加，且结合方兴未艾的互联网金融，银行界研究业已表明，现存金融业主体力量开始感受到由技术进步推动的结构性挑战的深远意义，并逐渐从感受挑战的层面向认知、甄别和把握机会的层面上变化。

由于比特币的货币效应和诸多竞争币的应用模式，形成了一些新的和扩大的实践效应，引发了新的关注。经济学界对数字货币作为货币存在的本体性及关联性问题，也并没有明显的新成果。但这不等于比特币及数字货币的经济学问题仅仅停留在市场表象上，随着一些新现象的出现和合乎逻辑演进的事实变化的发展，更多的问题还是被提到研究层面。

我们可以注意到的是，从比特币短短六七年的历史来看，无论是政府、银行，还是一般懵懵懂懂的投资者，甚至直接从事数字货币产业的机构企业，实际上多少存在着一些有意无意地认知错位，或许这种认识问题才会形成政府层面如临大敌的态度、部分投资者的盲目崇信、从业者从亢奋到茫然等一系列百态众生相。

一、关于比特币的产生

货币问题终归是社会问题的一种或一个部分，其关联于社会经济的整体及方方面面，也关联于社会其他方面的问题。因此，讨论货币问题终归不能脱离其所处的社会背景。比特币的产生当其作为货币问题存在时，同样也不能脱离社会和历史的背景看待。

目前，大多数评论把比特币的产生与2008年美国金融危机作直接关联，这场金融危机导致对现有国家主导和控制的货币制度在根本上的信任危机。除此之外，在《无主货币(1)》，笔者提出互联网的存在和发展，以及互联网经济带来的需求和支付服务供给空间，给纯粹基于互联网技术特点的支付手段的产生提供了某种原因和前提。

在比特币现象进一步存在、变异、发展和理念传播的当今，对比特币的认识或已不能仅仅从上述两点上简单认识。尽管包括比特币在内的众多数字货币尚远未成为完整意义上的货币，无论从功能还是属性上，现在认定比特币学术意义上的货币定性还相去甚远，但这并不妨碍从历史和社会的背景认知比特币现象的必要性。重要的是，对比特币产生根源的认知，多少体现了对比特币及整个数字货币的定性、现实和未来的认识。

应该注意到的是，比特币是当今社会极少数从其存在那一天起，就不是某一国特殊存在的问题，无论是理念定性，还是技术属性和存在方式，它一开始就是跨国界的“全球问题”，固然互联网技术的发展以及互联网本身的方式和属性为这一“全球问题”的产生提供了可能性，但或许全球化进程及其结果本身助推了比特币的产生。这其中我们必须注意到的因素有如下几点：

1. 冷战结束之后的全球化进程推进了世界经济一体化进程,全球范围内的跨境交易和支付结算结构,从规模到服务需求发生了很大改变,货物贸易和服务贸易迅速增长,大大促进了人员跨境往来的数量规模的增加和地域范围的扩大,全球范围内从普通支付结算到资本项目交易结算,从规模、广度和深度有了极大发展,现有的国际货币制度和传统以银行为核心的国际支付结算体系缺乏与时俱进的创新,以汇率风险为主的支付成本高企,直接成为进一步全球化和全球范围内优化资源市场配置的成本障碍。与此同时,由 1997 年危机和 2008 年危机佐证,区域性危机由全球化贸易结构和资本市场传递,可迅速成为全球性危机,而货币问题置于全球化背景下成为核心问题。无论是从各国主流机构,还是学术理念,对自由主义思想架构中的更有效率和更低成本的新的货币体系及结算支付体系的期盼,都有不同程度的体现,因此,将比特币当作一种货币现象,与其说是对 2008 年危机美元地位衰落的反应,还不如说是全球化进程累积后果的一种自发反应。

2. 同样在冷战结束后,国际经济关系中的制度层面上的因素出现巨大的变化,由意识形态主导的两大制度体系的比较和对立不复存在,事实变化呈现制度趋同的趋势,尽管中国坚持社会主义制度的发展方向,但大规模改革及市场经济的发展定位,不仅没有改变这种趋势,反而在经济制度的具体层面,包括金融贸易及货币制度方面,中国积极向通行的国际制度靠拢,特别是从关贸总协定升级演变而来的世贸组织(WTO)体系建立后,由于 WTO 对成员国在本国经济制度上有着一系列市场经济"制度"要求,并列入准入标准,各国在贸易和货币关系上的制度趋势愈加明显,中国加入世贸组织,被认为是中国加入世界经济体系的重要标志。从这一视角来看,制度竞争、制度比较优势等制度差异决定的全球货币金融一体化的障碍不复存在,或者说这种障碍大大减弱,制度设计和优化重点从产权、契约、信用三大基点直接转向交易成本节约,而制度优化失去比较基点的同时也失去了本体性优化的内在动力,于是,自冷战结束、中国改革开放和 WTO 进程给包括中国在内的世界经济带来巨大"制度红利"的同时,通行的制度体系包括制度缺陷在内的几乎所有特点均发挥至极致,没有制度比较带来的外部动力修正,只有制度体系导致的危机才会把问题凸显,2008 年金融危机和最近的希腊债务危机,根本上都是制度体系内部爆发的问题,而这其中货币制度是问题的核心。在整个全球化和制度趋同、强化的过程中,货币制度无疑成为举足轻重的黏合剂、催化剂和强化剂,而制度缺陷显现时,货币制度也是核心缺陷。比特币产生针对的是货币问题,从制度演进变革逻辑上是合乎情理的,无论比特币是否起到了其设计初衷的作用,制度变革和反拨的意义是不容忽视的。去中心化、信用自给及依赖分布式网络的机制,本身就有制度建构的意义,与其说它是传统自由主义思想在技术上的体现,不如说它首先是对现有货币制度的解构,针对的就是中心化结构的货币制度的无节制信用膨胀、过度的货币意义和强制性控制力等。

3. 学术性论述多用事实之后的自动强化反证事实产生和存在的合理性,比特币及去中心化数字货币产生之后,经过短暂沉寂后在2013年迅速发展成为影响广泛的关注焦点,这是不是足以成为反证其合理性的事实依据,且另当别论。值得注意的是,2014年后,比特币及整个数字货币作为投资目标的投资价值,从2013年年底开始在快速大幅波动中迅速下滑,但在短短几年中许多人预测比特币崩溃的结局始终没有出现,而且随着价格趋稳它仍然是投机性投资行为的重要领域,直至现在,对数字货币的投机性投资行为已扩散至直接产业链之外,如果仅仅从对数字货币的所谓价值评估来解释这种投资行为合理与否,显然太过表面化。至今,对数字货币仍然没有权威的、标准的或者法律意义上的价值诠释,其价值基础始终受到质疑,但比特币和数字货币领域的直接投资行为热潮退却后,已经是稳定并呈长期化态势。这其中中国一直是直接投资占比最大的地区。人们比较容易忽视的是,几十年来全球化推动的国际贸易规模和投资规模迅速膨胀,但世界范围内投资对象、投资结构和方式却没有发生太大的变化,很容易从中国境内投资品短缺来解释比特币受青睐的原因,2015年中国股市走红吸走了部分比特币投资资金,这说明投资比特币的资金在中短期投资市场确有内生的联动效应,这就是说,比特币作为一种投资标的物,某种程度上弥补了短缺的投资品市场。在投资品制度性短缺的情况下,反制度的比特币却内生于制度性投资品供给,成为调节投资风险不可替代的替代品。这并不意味着比特币在规模上和功能上已经是这种替代品,但客观上已经反证作为一种"金融资产"存在的合理性。

基于上述认识,我们通常认为的2008年金融危机引起的对传统货币的信任危机，是促成比特币产生的直接动因和现象诠释，而互联网技术和互联网经济的大幅演进，则是它的技术背景和现实推手，似乎更重要的是，互联网推演至今形成的制度滞后才是问题的实质。也就是说，比特币的产生不能单纯认为它是简单地出于某种理念、借助于技术工具实现的对现有制度体系的挑战，也不是来自制度内部变异的“怪物”，但将比特币置于现有制度体系外部性地位的认识仍然是傲慢和轻率的，它也许更接近于这样的认识，比特币就是现有制度内部缺陷的后果导致的自我修正要求的体现，当人们主动修正制度缺陷和制度供给不足，并屡次无功而返时，制度体系内在的基础契约能动地延伸和修正契约要素，这种契约要素的自我完善在其契约体系中早已存在，只是在互联网场景中，制度修正有了更直接更新的形式出现。

另一方面，也是十分重要的是，比特币作为一种“货币”和货币制度的建构，实际上并非由现行货币制度中内生而出，甚至它不来源于现有金融体系对互联网系统的依赖，从现状和关联性看，比特币对货币制度的建构，不是从对货币制度的实际解构开始的，对现有货币制度来说，它甚至连事实上的外部性都十分孱弱，这也是政府和央行机构试图切断金融机构与数字货币现实关系的原因，意在堵住它们发生内生性关系。那么也就是说，比特币作为一种制度革新的尝试，仅仅借助于技术渗透性和其产生的充分合理的社会历史背景因素，仍然存在先天性不足。

二、历史的视角

比特币作为一种货币现象，对其基础理念和货币功能的讨论，特别是在货币体系中的比较和地位的认识上，很多人都结合了布雷顿森林体系，这种关联性有合理的成分，毕竟布雷顿森林体系及其后续影响仍然是当今货币体系最显性的元素，但无论如何，现今国际货币体系的形成和某一国货币制度的沿用，都可以在最初的货币历史中寻找到制度痕迹和思想元素，即便是比特币这种是不是货币还存在争议的现象，当把它置入货币制度语境中，也仍然可以从货币制度的历史沿革中看出某些端倪。但是，现代社会经济无论从结构还是体量，与过去酝酿现代货币制度的时代相比，都发生了翻天覆地的变化，从货币制度演绎的历史看，我们既能发现一以贯之的内在因素，也能发现推动社会经济发展到今天这种程度的制度逻辑。如果说数字货币是一种货币制度，或者暂且把它当作是一种货币制度，人们从历史的视角中可以运用比较的方法和历史的方法发现一些根本性的问题。

与现代经济形态紧密关联，且对现代货币制度成型有直接影响的货币制度形态，可能莫过于19世纪以英国为核心的欧洲货币体系的形成及其演变。不仅因为英国在19世纪牢固的近代工业规模和贸易地位，也因为由英国、欧洲其他国家和美国之间的互动最终达成的跨国界货币制度的方式。

18世纪，欧洲各国基本上以金银铜铸币，同时将其作为结算货币和流通货币，无论这些国家固有的经济联系是怎样的，当时世界各国采用的结算和流通的货币种类大致相仿。当工业革命遍及欧美之前，相似或者独特的货币制度中存在的问题总是局部性的，各种货币币值差异之间的套利，一种古老的行当，始终伴随其中，但它也始终不是“全球性”问题，简单的套利行为现在也普遍存在于数字货币领域，只要纯粹的套利没有能力借助于实体经济，比如国际贸易，再比如现在的数字货币，其套利行为进一步扩大的时候，套利也仅仅是套利而已。

但当工业革命带来生产和贸易规模的膨胀，并使得国际分工在更广和更深层次得到发展时，支持这些扩展了的经济活动的货币体系开始出现问题，而问题就是从流通和结算的多币种的“复本位制”开始的。所谓货币本位制，就意味着国家规定了法定兑换比例，如19世纪初法国规定的金币与银币之间的兑换比例为15.5∶1，国家保证这一兑比的执行。但市场，尤其是国际市场上金银交换价格，是随着黄金和白银的供给数量、金币和银币的铸造率及铸造成本、国际贸易收支结算等市场因素发生变化的。当工业革命使得国际经济体量剧增，国际贸易规模膨胀时，货币套利致使劣币驱逐良币的格雷欣法则大范围发生作用，银币挤兑金币使后者有退出流通趋势，国家维护复本位制的财政负担加大，并且国家货币的不稳定性大大增加，复本位制货币制度将从其内部产生动摇因素。

19世纪60年代，欧洲各国争相降低银币铸造成色，较低含量的意大利银币一度将比利时和法国银币逐出了流通领域，欧洲国家终于在1865年召开国际会议商讨并规定银币成色。由于此后不久复本位制瓦解，对这次会议协商的关注度并不很高，但我们可以注意到的是，欧洲国家通过国际协商解决货币问题已经成为传统和惯例，当然这或可追溯到威斯特伐利亚协定开启的传统，不仅是经济问题，还有政治问题，正是威斯特伐利亚协定之后，国家被赋予了协商解决包括货币问题在内的经济事务和政治事务的职能。直至第二次世界大战后布雷顿森林体系的形成和国际货币基金组织的建立，都是这一传统方式的延续和发展。

最早实行金本位制的英国凭借强大的工业和贸易实力，逐渐成为世界工商业的中心和引领者，并在复本位制动摇时就成为其瓦解动因和“对立面”，代表着更合理、更低成本和更有效率的新一代货币制度。普法战争后，德国实行金本位制，促使更多国家加入金本位改革。值得注意的是，德国在19世纪更早的阶段，由于其贸易融资大多从伦敦市场获得，英国的金本位制使其等于获得黄金信用，使德国在相当程度上免去了提供信用的成本，在长达60年的时间里，德国获得了迅速的发展。

通过上述回顾，我们不难发现：

1. 货币问题从来不是单纯的流通问题，在近代欧洲它始终是国际支付结算问题的核心，而国际支付结算，在忽略国际资本流动因素时，它也与日益庞大的贸易结算直接关联，货币套利只是一个促进货币跨国流动的因素，针对单一的需求因素引发货币制度的剧变，实际上是难以想象的。从现象看，正是套利行为影响了通货的膨胀或萎缩，复本位制为部分人推崇的原因之一就是它促使货币交易活跃，增加了货币供应量，给货币适应膨胀的经济规模增添了货币供给的利益动因，货币供给多少引起的通货膨胀或萎缩问题，首先会表现在国内流通问题，即物价上下波动，物价高低又影响了生产供给和贸易格局，也直接影响了货币的跨国流动，引起跨国支付结算环节新问题的产生。传统社会主义体制下的苏联和中国实行计划经济制度时，对货币供求的调节，按照加入了流通速度参数的物的流通规模来衡量。作为政府，它的最重要的利益诉求则在货币的稳定，进而支持国内生产和对外贸易的良性循环。所以，货币及货币制度本身是一个“问题的系统”，而不是某一个问题，新的货币和货币制度，根本上的信用，不在于信用如何提供，而在于其能不能针对“问题的系统”实现更有效率的解决“替代”，它的信用的真正基础便在于此。

2. 货币制度的变革发源于旧货币制度内生的变异这个内部因素和社会经济发展的需求的外部变化。19世纪，复本位制最终为金本位制取代，表面上的原因很多,英国和德国的强势算是其中之一,复本位制造成的货币不稳定乃至管理成本的高企也是原因,无论如何,金本位制脱胎于复本位,是货币制度的内生变革,在国际贸易和工业革命导致的世界经济快速膨胀的时代,单一金本位制适应了一体化趋势、监管调节成本降低的需要。货币制度作为社会经济制度体系中的核心内容,它既需要适应社会经济发展和变化的需要,进而作出变革,同时,它的变革也必须保证社会经济发展的继承性和连续性,尽管从政治角度认识和解释货币制度常有人在,但经济制度的主流考量因素,仍然是利益结构和社会成本,激进和单纯货币制度改革实际上错估或忽略了社会成本和利益结构要素,从来就没有什么成功的范例,中国国民政府后期的金圆券改革和前几年的所谓朝鲜货币改革便是典型案例,而20世纪最成功的货币改革——1948年的德国货币改革,实质上远不是单纯的货币改革,而是一整套系统的经济改革方案。因此,货币替代和货币制度,根本不存在简单和单纯的建构,连同其文本学意义上的解读都是有问题的。

3. 19世纪复本位制为金本位制取代,20世纪第一次世界大战前后金本位制为浮动汇率制取代,金本位制重建,第二次世界大战后布雷顿森林体系的建立,这一漫长曲折的过程,都伴随着密切的国际协商和国际协作,是在这种协商和合作的进程中完成货币制度的改革和重建的,直至当今世界也是如此。一方面,从18世纪开始,货币制度根本上就是国际货币制度,因其实质是国家及国家之间的货币体系,而不是不同国家的银行之间的货币体系。到21世纪的今天,货币问题更不是一国单独的问题;另一方面,围绕国际贸易和国际资本流动的利益博弈始终存在,单纯和极端的市场博弈的危害性巨大,西方人对此深有体验,协商博弈的代价则要小得多。

从这层意义上来看,比特币和数字货币的产生,尽管也有着深刻的现实背景和实际需要,又有技术和思想形态的适应性,但它作为一种货币制度的话,至少存在几个历史经验不支持的要害缺陷。

首先,数字货币并不内生于现存的货币制度,尽管比特币发明者中本聪声称,比特币意在摒弃金融中介,是一种电子现金系统,[1]也就是说,它一开

---

① 沙钱、姬明佳:《无主货币:2104年中国数字货币研究报告》,上海社会科学院出版社2014年版,第154页。

始被定位在具有货币属性并异于现有金融秩序的制度建构，同时它极强的针对性又有对现有货币制度的解构意味，但它的解构意义是十分有限的，仅仅是观念和技术意义上的，只是因为它不是内生于自我的内部解构，简单地讲，比特币并非来自现有货币制度内部，它完全外部于现有货币制度，它对后者的影响和作用就十分有限。

其次，比特币既定架构描绘了对新货币制度的愿景和可能性，实际上涉及了超出货币制度范畴更深刻的制度范畴，但却没有直接提供一系列的解决问题的方案，尽管如今很多人都在试图将比特币的技术理念和价值理念付诸行动方案，但无论如何，比特币并没有提供在现有货币制度与自身之间天然的链接渠道。而历史上的货币制度更替，尤其是近代至现代货币制度的演变，其替代性和继承性都基于内生结构，且都基于更基础的制度框架，用现在的语境表述是，其基础协议结构没有发生根本性改变。

再次，基于上述认知，数字货币作为货币制度的未来，并非由于其架构设置上多么不合理，反而正因为其描述的理想愿景和技术实现的前瞻性和思想性，或更显现于艰难曲折的发展轨迹。历史和现实都表明，货币推行有赖于政府的行政力，不仅仅因为现在的国家信用背书因素，更因为货币制度形态包含了巨大的利益结构的形成和变化，货币关系本身就是利益关系，自然货币制度变化过程就是一个利益博弈过程，粗放的和无约束协调的利益博弈，都会伴随着巨大的社会经济代价，甚至会伴随战争的代价，这在现代社会形态中都是不可想象的，19 世纪以来欧洲和美国货币制度演变的历史都与协商谈判及合作协调伴随，直至今天有国际货币基金组织这样一个平台。如果说，当今数字货币是一种货币制度或者是货币制度的雏形，至少人们现在还看不到源生于这个制度内部的利益协调机制和组织形态，不仅是中国，全球范围内只有美国有了一些十分低级别的为数字货币问题进行谈判协调的组织雏形。

仅仅就上述视角的揭示点，我们从货币制度的历史侧面可以看出，现在的比特币和数字货币，作为一种新的货币制度，离现实还很远。也就是说，如果数字货币或它试图建构的制度体系不能体现、重建或平衡由货币关系实现的利益结构，那么实际上就意味着没有完成新的制度建构。尽管这并不意味着对它的否定，更不意味着对它的发展路径有所事先的结论，但至少相对于热衷于数字货币主张的观点，我们提供了一种认识问题的方法，结论是，不很乐观。

同样的方法，我们还可以对数字货币认识和实践中的一些问题提出新的思考维度。

现代货币制度运行体系中中央银行的地位和作用至关重要，这也是数字货币去中心化理念指责最多的要点，但货币制度的历史显示，现代央行制度的形成也是一个漫长演变的过程，现在的央行既有中国这样的直接由国家所有、国家直接控制的，也有像美国联邦储备银行中央的"准公共"性质，部分资产国有，部分资产私有，但现在完整的美联储机构仅成立于1913年，相对于老牌市场经济国家英国的央行，还很年轻；成立于17世纪末的英格兰银行，一开始便定位成由《银行特许条例》[①]特许授权的中央银行性质，是世界上最早的央行，在一个漫长的演变过程中最终垄断了英国的货币发行权，却始终是私人银行。这种央行功能授权制的做法曾经普遍存在于欧洲各国。毋庸赘述央行功能问题，只是数字货币声称取消央行货币发行权，彻底实行数字货币形式的私币化，那么我们会发现怎样的问题？

首先，也许我们必须把如今政府和社会都不满意却习以为常的中央银行的职能，托付于技术和技术系统，很多去中心化数字货币的拥护者并不避讳这点，但这本质上不是技术问题，这种制度更替的愿望，根本上改变的是中央银行代表的某种国家职能，是货币制度当中实现的国家利益的改变。这段历史清楚地显示，从工业革命开始，随着世界经济体量的急剧膨胀、国际分工体系快速细分，贸易和投资规模日益增长，国家在社会经济体系中的作用和利益也与前工业革命时代不可同日而语，国家在社会经济系统中扮演的角色，也发生了深刻的变化，而对国家作用的真正的现实性依赖，或源自两次世界大战国家军备的扩张需求，显然，国家通过货币制度实现对财政亏空的弥补，20世纪诞生的浮动汇率制都在两次大战之前取代了金本位制，这绝非偶然。如此，当数字货币"制度"能够容纳和支持现代形态下的国

① 1844年，英国国会通过《银行特许条例》(即《比尔条例》)，规定英格兰银行分为发行部与银行部；发行部负责以1 400万镑的证券及营业上不必要的金属贮藏的总和发行等额的银行券；其他已取得发行权的银行的发行定额也规定下来。此后，英格兰银行逐渐垄断了全国的货币发行权，至1928年成为英国唯一的发行银行。

家利益的实现才会具有现实性。

其次，基于世界约一百年的经济实践和学说发展的历史，我们认识到，绝大多数对政府在经济系统的作用、央行的货币干预行动的批评，甚至包括数字货币主张对现有货币制度的指责，多集中在央行垄断货币发行、滥用国家信用、央行垄断导致现有银行体系的低效和暴利、增加金融风险等，这些批评每一项都能寻找到既有的理论依据和实践佐证，但是，长时期以来，对这些弊病各国往往通过改善性举措加以面对，反而在很大程度上更强化了央行职能，现有复杂的金融结构和风险传递机制，却不直接来源于国家或央行的作用，而更多是市场机制本身的自我进化的结果，也就是说，在某种程度上，数字货币反制的目标，与其要主张的目标，在何种意义上有多少一致性，本身就会有争议。

更为实际的是，在当今全球化形态下，世界经济无论从结构上还是规模上，都不是酝酿现代货币制度的时候可以相比的，货币制度与社会经济形态的非适性导致人们从不同层面的批评，数字货币代表的只是其中的一种批评。但央行所代表的国家对经济的调控、协调能力和经济政策的施行平台，深深嵌入现代社会经济关系和运行系统的肌体，无论怎样的货币制度都不能轻言取消它。正如凯恩斯的经济学说及其主张的经济政策留下了很多争议，但20世纪三四十年代美国的经济政策不仅支持了战争的需求，还开启了政府在国民经济体系中全新作用的时代，依然延续到今天并注入了更新的内涵，人们在政府作用的程度上收放自如，并没有真正有什么主张取消它。

必须注意到的是，我们在讨论现代货币制度的非适性的时候，也有观点并在历史和思想上有所依据的、与去中心化理念相反的批评。如果数字货币的拥护者看不到这一点，就无法真正切合实际地推动数字货币的实践。

在实践中，数字货币的内在价值的争议始终困扰着业界，社会也因此存在着大量对数字货币空心化和泡沫化的批评，现有货币制度的纸币化表象使得人们很容易把货币问题归结于货币发行者，于是比特币架构上设置了供给固化不可逆的特性，如此旨在使比特币自动获得发行信用，从而解决发行者信用不可靠导致的货币贬值问题。

中外历史上使用可靠程度不同的异质货币都有相似的经验可观察比

较,明初政府强制推广"大明宝钞",拿到现在来看,类似于政府强制发行纸币,如果按照现在的常识来做,也未尝不可,但明政府做"宝钞"的目的与现在差异太大,至少从结果上看,通过"宝钞",明政府做了一次对老百姓的大规模掠夺,虽时代和环境条件不同,这类似于国民政府的金圆券政策。上述提及的复本位制时代所谓劣币良币之争,实质上也有货币价值之争的内涵。铸币时代,国家或国家授权的铸币机构,将铸币价值和名义价值脱钩,已经是一个重大的"创举",但这个"创举"不是主动有意识的,完全是铸币机构贪小便宜开始的。

问题的另一面是所谓劣币与良币的区分不在于铸币的材质,不一定纸币就比金币更劣,更不用说铜币一定比银币劣质,重要的是铸币或纸币标注的价值与其能表征的财富价值是否一致,同样的道理,代表先进理念和由先进的技术形式实现的比特币,在货币体系中是否真正的良币,也最终由市场关系体现的价值关系决定。回到数字货币上来说,比特币基础协议上提供了一种信用架构,但它的价值不能自我表征,也需要在市场关系体系中通过充分交易实现的价值关系来衡量。

货币制度的先进性是相对概念,理论上普适标准同样也是相对的,历史方法看待问题须结合认识对象综合的社会环境和经济关系条件,简单运用普适的理论标准评价货币制度的优劣并不科学。复本位制时代,欧洲国家大多争执于金币和银币的本位选择,而瑞典则坚持铜币本位制,主要原因是瑞典本地丰富的铜资源的供应,使其能在不依赖国际市场的情况下,保证货币供给的充足,这在当时货币国际流动经常扰乱国内货币供给的情况下,瑞典的选择具有合理性。但铜币含值较低,结算交割的麻烦可想而知,以至于瑞典形成了一个独特的行业,即专业的货币运输服务,当然这必然增加了交易成本;12世纪的中国,宋代纸币交子已普遍运用,宋代学者就已认识到交子的好处是"馈粮实边,减搬辇之费"。[①] 仅从货币制度的直接社会成本来看,似乎中国宋代的纸币制度比瑞典19世纪的铜币制度更先进。交子流通不久因不严格执行准备金制度,以致"大坏",后来宋政府差不多用了30年时间整顿,才使钱引(通指包括交子在内的纸币)恢复流通。这其中钱庄抽

① 叶世昌、李宝金、钟祥财:《中国货币理论史》,厦门大学出版社2003年版,第74页。

调准备金挪作他用，官家背弃承诺“拒不收引”，都显示了当时纸币制度的不成熟，从而对当时的社会经济产生了破坏性影响。至今，中国人为自己国家曾经发行世界第一种纸币而颇为自豪，纸币本身的产生有着复杂的社会经济条件，与数字货币在当今类似，也有常为人忽视的技术条件，11 世纪的宋代时，中国发明印刷术为纸币流通提供了世界上独一无二的技术支持，但与执行铜币本位的瑞典相比，与欧洲相对成熟的市场经济形态和契约关系相比，两种货币制度的可比性，也至多只能从其经济结果上看。同样的道理，数字货币制度的先进性、适应性和社会经济关系条件及其制度基础，即便在全球化的今天，也不能简而论之、一概而论。

三、不同的语境

在很多场合下，经济学家、银行家、政府官员在讨论货币问题时，总是从自己的视角和立场来谈论自己面对的具体问题，19 世纪以前经济学家更多从本体论观点来研究和叙述货币问题，即便工业革命已经将人类社会带进了大生产、全球贸易的时代，与此后时代相比，货币问题仍是一个相对简单的问题。在更简单的社会经济结构中，在 18 世纪亚当・斯密和大卫・李嘉图创立古典经济学之前，就根本没有什么经济学，赋税问题、货币问题的零星阐述，只是哲学家们的工作。20 世纪后货币问题在学者那里彻底变成了一个纯实证的问题，以前经济学家不屑或不必论述的实证要素被列入一个个研究模型中当作计算参数，与此同时，更多计算变量被当作假设性常量成为模型的前提，其实质是撇除一些实证的因素，引入另一些实证的因素，推演被引入因素搭建的模型演绎结果。毫无疑问，经济学家为 20 世纪世界范围内货币制度的建立和进化作出了杰出贡献。在制度经济学的语境当中，所有这一切都可以被视作是一种制度的理论建构过程。制度经济学惯于在不同的制度比较中分析制度变量和制度优劣，在新制度经济学中则更具体地将制度比较集中在最后的交易成本上，实际上就是制度运行的成本与社会经济关系的成本之间搭建起一种审视和评价的方法。与此同时，制度经济学的方法在对应于制度的纵向发展的比较时，大概就是经济学当中的历史学派的视角了。实际上无论是制度学派还是历史学派，这只是提供了讨论问题、分析问题的特殊语境和一种方法，在面对具体问题时，依然要借助于主导性方法和基于明确的思想架构，正如正统的制度学派被称为新古典制度经济学，其理论当中不仅恪下深刻的新古典经济学的印记，同时也带有新古典学派的方法。

1937年，新制度经济学的奠基人科斯在他的《企业的性质》一书中将产权界定、交易费用和制度效率等一系列概念组合在一起，提出了经济学的以制度为核心的新的分析方法，将度量、界定和保障产权的制度成本，具体的确定交易对象和交易价格的费用，谈判及订立合同的费用，督促契约条款严格履行的费用，以及后来被进一步引申演绎出来的社会维持制度运转、风险防控监管等所花费的费用等都列入了交易费用，即交易成本的范畴。诺斯将其概括为“交易成本是衡量和实施契约的成本”。[①] 经济学认为市场交易实现资源的合理配置，市场的不确定性导致交易是有风险的，因而交易也有代价，进而就有如何通过效率的交易实现更合理的配置问题；资源配置问题就是经济效率问题。因此，既定的制度体系须保证市场效率，整体上有利于提高经济效率，否则旧的制度将会被新的制度所取代。

但制度体系极其复杂，可从不同的角度和不同意识形态立场来看待制度的作用，既可从社会最基本的制度架构和社会体制认识制度形式，也可以从诸如货币制度这样的具体制度表现和具体制度设置来看待制度的合理性。论及制度对经济效率或资源配置效率的影响，则是经济学理论的方法和视角，这虽然不能完全排除，但也几乎与对制度的价值判断无关。这意味着我们能够尽可能地不预设立场地客观分析制度因素在市场运转中所发生的作用和效率。对货币制度这一相对具体的问题，做到这一点尤其重要。

数字货币的去中心化理念对制度变革具有直接意义，并且超出了对现代银行为中心的货币制度的简单质疑，在思维方法、思想架构、行动原则等最基础层面上对整个现代经济制度提出了深刻疑问。也正是在这个意义上，我们能直接认识到数字货币对现有货币制度的解构意义。显然，针对现有制度结构的中心化架构的批评，不仅吻合了传统经济思想对市场和市场经济制度的原教旨的去中心化的理念，还直接针对了近百年来世界经济系统日益强化的中心化生态，以及在此基础上建立和强化的货币制度及其弊

① 约翰·德勒巴克、约翰·奈：《新制度经济学前沿》，经济科学出版社2003年版，第17页。

端，同时还适应了全球范围内对寡头化、技术化、寄生性且无孔不入的银行金融体系的不满情绪。

另一方面，比特币在它的表象层结构上设立的工作量证明机制实现了货币制度上很重要的货币供给的自信用，仅此一点就对中心化货币制度中饱受诟病的货币发行和货币供给调整系统实现了颠覆。比特币也因此获得了一定的市场地位和高度关注，但前文已述，比特币不是从内部解构现有货币制度的，并不具有对后者的天然的替代性。而仅仅以其已有的建构元素，只是使它看起来像货币，作为制度元素的大量缺失，使得它远未达成作为新的制度的现实性。

如果数字货币仅提供了“新制度”的一个元素，那它首先必须是一个真正的“元”素，而比特币的工作量证明机制实现的供给环节的自信用，更像是在某个隐匿“元”素之上的子元素，其他子元素还是缺失的，如此，我们看到的是比特币实践中高昂的成本，无法彰显其声称的应用的制度优势。

工作量证明机制去除了货币发行的中心机制，甚至剔除了这个中心元素，用技术手段实现了货币发行的数量规模和节奏，进而达成货币发行环节的硬约束，取得了发行信用的自我提高。且不说在现代经济体系中货币发行并不等于货币供给，也就是说发行信用不等于供给信用，现在的货币制度运行当中，央行依托的是国家信用，参与货币运行的银行依托的是商业信用，都是中心化机构提供的信用，不同层级、不同类型、不同规模的信用提供共同构成了货币供给的信用体系。如果说比特币作为一种货币的话，它只是解决了其中的一个环节，并且以其去中心化机制，在根基上排除了多层次多种类信用提供的可能性。

比特币的信用提供机制并没有带来天然的价值信用提供机制，通常人们谈论较多的关于比特币的市场波动和价值支持方面的话题，根本上就是在谈论这一问题。作为一种普通资产，只要在市场上通过充分交易，由对该资产本身的供求关系就可显示资产的价值关系。但货币不一样，它是被用来衡量其他资产的价值的，首先须有自身可评判的价值恒定。也就是说，比特币的价值信用是建立在什么基础上的，在制度建构的语境中可以这样说，比特币的价值信用是怎样提供的。

虽然没有人这么说，但比特币的实践似乎表明，比特币的市场价值取代货币的内在价值恒定是可行的，已经稳定表现的数字货币全球性交易系统已经证明比特币通过市场的充分交易，完全能够实现至少在某一时间段内的价值预期和评判，因此，也可以使之成为一般意义上人们持有数字货币进行交易活动的价值信任依据。

暂且不论即便做到了这点，是否就意味着比特币就能够获得充当货币的价值信任。我们现在实际上根本无法确定在比特币的市场价值形成机制中是否已经做到了在一个相对开放和自由的环境下，经过了“充分的交易”。这里的“充分交易”是指一种被表征的价值，所需经过的足以显示其市场价值的足够的交易过程，在完全符合自由选择原则下的足够的交易次数和交易规模，以及足够的时间跨度，也剔除可能影响价值显示的、以交易本身为目的的不必要的交易信息。非充分交易情况下的价值表征是不能正确体现市场真实价值的。

现实经济生活中的充分交易是难以实现的，交易本身很容易受到信息不对称、垄断性交易行为、市场制度壁垒和监管干预等因素的影响，受到这些因素干扰越多，则价值失真的可能性就越大；观察交易时间过程越长，价值失真的可能性就越小。

按此标准，我们看到现在的比特币市场明显受到现有监管体制的影响，在国家及区域之间存在明显的交易壁垒，依然不是自由度很高的市场，尤其对一般投资者和交易者来说，甚至这种非自由性市场造就了专业躲避监管壁垒的专业套利者，虽说这对消解不同市场之间价差有一定作用，但增加了监管者的警惕和监管意愿。这种区域市场的人为隔绝，极易产生市场价值信号失真，阻碍了比特币对资源配置作用的形成。

另外，比特币以其基础架构上数据储存、传输的不可逆性作为独特优势，并以技术理念的去中心化，进而去中介性而存在的，但这并没有给比特币的市场信息的对称性带来任何益处，如同传统互联网体系在创造大量信息的同时，也带来了新的信息不对称的烦恼。显然，信息不对称的表象是信息的不充分，互联网时代的信息“爆炸”为什么仍然没有改善信息的不充分呢？实际上，信息不对称或者信息不充分，从来不是信息的数量决定的，而是与信息和信息主体在交易关系中的地位决定的，即信息对称与否是与交易关系中买卖双方和相关第三方，对完成交易所需信息之间的关系决定的。

经济学上著名的 Lemon 法则用二手车市场和保险市场的案例，揭示了信息提供主体地位对交易关系的影响。[①] 简单地说，信息在交易结构中直接关联于信息提供、信息传输和信息解释的主体结构。许多交易的信息是交易者自提供的，另一些则由第三方提供。如果这种信息与交易的关系造成了交易过程中的信息不对称，那么传统互联网只是改变了信息传输的方式和速度，并没有改变信息与交易的结构，这才是问题的关键。比特币的市场系统同样如此，只是最近才有人意识到试图用区块链技术来改变交易过程中的信息结构。

因此，比特币市场目前的交易不足以支撑起长期的价值评判和预期。

我们回到前述问题，数字货币的价值信用来自何处。任何货币的成功运行都与价值背书相关，纸币时代也不是单纯的印钞厂的印数决策问题，甚至不是所谓国家背书这一定义就可以了。浮动汇率时代人们时常看见国家对汇率、利率的实力干预，这是这种货币制度下国家背书的实质内容，甚至美联储从来不做简单印钞的事，它只是调控向美国政府的债权规模，而美国政府只是向美联储借钱并以联邦税收作为抵押，这是美元价值信用的来源，且实现相对硬约束，美元的地位来源于美国的经济实力，这就是体现。因此，数字货币如果不能有效解决其价值信用来源的说明，则就会长期处在人们表面上所说的价值波动太大、不适合作为货币功能的发挥的状态。如此，我们就可简单断定，数字货币作为新货币制度的建构成本、交易成本将会极其高昂。

从制度结构和功效的角度，货币理论还有另一种语境，即认为货币本身是一种权力体系，尤其是国际货币范畴。这种语境下的货币权力的论述，如今泛滥成灾，但其关于“货币依赖”的概念，对我们讨论的数字货币制度有某种契合。显然，货币的权力与货币制度的建构，以及建构的基础能力，是正相关且相互正螺旋关系，在概念上，它们原本是一个范畴的分解。赫希曼在其著作《国家权力与对外贸易的结构》中最早阐述了货币依赖（Monetary Dependence）的概念，简单地说，由于两个国家或者两个政府之间经济关系中存在利益差或“不对称收益”，其中相对强势一方通过创建货币区或货币

---

① ［美］高山晟：《经济学中的分析方法》，中国人民大学出版社 2001 年版，第 231—236 页。

集团，形成对外的某种经济隔离，维持其权力优势；另一方面在此基础上又内生货币依赖的更多权力，因为在货币区内相对弱势的一方，通过维系货币区的存在获得了相对稳定的保护。在货币依赖特征下，"货币区给成员国带来了自主性和隔离性，并且提供了资源动员的新机制"。① 在数字货币出现以前，货币的权力结构还从未脱离过国家关系和政治关系的语境；现在在数字货币的实践结构中，这种权力中心不存在了，那么货币的权力结构是否被解构于无形了呢？

至少我们不能忽视的是，很多数字货币实践者在搭建运用技术架构和商业推广系统时，都秉承了去中心化理念和最基础的分布式网络特质，但与此同时，几乎无一例外地将自身居于新形式的中心化地位，这种中心化地位虽不是对应于传统的中心化结构，却毫无保留地对应于传统制度建基于市场和市场主体之间利益差的实现和维系的机制，在这种情况下，所有实践者都乐见于自身利益在传统机制中得到实现和维系。当数字货币在实践者构建的某种商业呈现，或者是其为"客户"提供了良好服务和承诺的具有相对强势地位的商业服务圈，货币原生的权力构造就会出现。至少从制度效应来看，数字货币业界为"理想"而战的实践者，与尊崇商业利益和商业规则的实践者，就会分道扬镳。

① [美] 乔纳森·科什纳：《货币与强制》，上海人民出版社2013年版，第15页。

第三章　比特币架构——区块链技术

一、区块链技术理念的兴起

2014年，比特币及数字货币界最重大的变化莫过于区块链技术的逐渐兴起。区块链(blockchain)源自比特币的基础架构和底层技术，比特币工作量证明机制的庞大计算系统，即所谓挖矿过程的节点结果，实际产生的就是区块链，而不是比特币本身，每个区块链被赋予承载50个或25个比特币是"被设定"的数据，只是"被设定"的数据不可逆，一旦设定便成既定常数，比特币作为货币属性的供给信用来自此，但提供技术保证却是区块链的技术定性，因此，实际上区块链才是比特币系统真正的核心。

人们早先对比特币技术理念和架构技术的理解实际上就已经包括对区块链意义的基本认知，但大多从比特币本身的发展应用的角度来讨论，当DAC理念[①]被谈及时，实际人们已经不是在讨论比特币了，而是将比特币理念延展至一个更广泛和更深刻的领域，而DAC理念所展示的技术结构的核心内容便是区块链技术。

2014年5月，广和投资(Union Square Ventures)的创始人弗瑞德·威尔逊，在一次公开访谈中表示，比特币协议的衍生品(区块链)很可能在网络验证方面的关键领域会有更深远的影响。

---

① DAC是Distributed Autonomous Corporation的缩写，意为分布式自治结构或蔓延式自治系统，大致概括为通过一系列公开公正的规制，并在无人干预和管理的情况下，自主运行的组织系统。通常人们认为比特币就是DAC系统的一个实践范例，同时，人们从比特币实践中概括出来的DAC理论，也被认为是比特币理念的一个升级。参见沙钱、姬明佳：《无主货币：2014年中国数字货币研究报告》，上海社会科学院出版社2014年版，第130页。

“当前需要一些人身份验证的仲裁者，如脸书(Facebook)、推特(Twitter)或谷歌，如此人们就可以用于登录或者信息分享。我认为，在区块链结构下可以做到同样的事情，然而这不需要第三方，也不会存在身份信息的互换。”①

2014年9月，一篇署名Ace Wang的文章《IBM聊比特币：区块链技术＝解决物联网缺陷的核心》②受到关注，这篇文章不仅是较早的关于区块链技术应用的文章，而且使中国读者把区块链应用推向更广领域。

弗瑞德·威尔逊的谈话是较早出现在公开报道中的关于对区块链技术应用前景的观点，直至2014年年底，对区块链技术的评论和观点逐渐在中国媒体上增多。清华大学物理学博士韩锋自2014年起在多次公开演讲中阐述区块链技术的应用前景，是中国区块链技术理念的积极创导者，并对中国区块链技术研究有极大推动，逐渐使得中国业界对区块链技术的关注在2015年逐渐跟上欧美的节奏。

随着比特币和数字货币实践的不断发展和延伸，去中心化特征的数字货币被不断概述出的基本特殊性包括分布式结构、加密性、去中心化结构、货币供给的自动信用提供，等等，尽管争议很多，但人们逐渐认识到数字货币异质性最大的特点，是其基于区块链特性实现的且无可取代的数据存储、传输、论证方法的特质，所有关于比特币的特殊性均与此有关。简单地说，比特币架构上区块链承载的是比特币的数据，当其承载其他数据时，区块链应用的内容范围将会大大不同，而这些被承载的数据由于区块链技术特质，其数据意涵内容的存在方式，借助数据实现的组织范式、过程结果，甚至是目标体系都将会发生改变。

根据《区块链定义及技术核心》③一文给出的对区块链基础性质的论述，区块链首先是一种建立在特定技术架构上的组织范式，其本质“去中心化且寓于分布式结构的数据储存、传输和证明的方法，用数据块链(Block)取代目前互联网对中心服务器的依赖，使得所有数据变更或者交易项目都记录在一个云系统之上，理论上实现了数据传输中对数据的自我证明”。其次，

---

① http://www.btc798.com/article-3954-1.html.

② http://36kr.com/p/215152.html.

③ 杨健程、韩锋、沙钱：《区块链定义及技术核心》，http://www.weiyangx.com/142479.html.

区块链点对点验证的基础协议，实际上是“分布式人工智能的新形式，将建立人脑智能和机器智能全新接口和共享界面”。最后，区块链技术的广泛和深刻的运用前景将带来巨大的创新机会和社会变革。

如此，我们已经不再是在讨论比特币这一特定概念，当比特币的货币属性引起争议和各国央行警惕关注的时候，比特币的创新人群将去中心化作为一个既定条件，并加以理念化，进而成为“原教旨”，这在人们思想的演变历史中太容易做到这一点了。这一理念的支持者也大多按此教旨来解释区块链技术的。

区块链技术应用的推崇者在其技术应用前景及技术实现的可能性描述上，做了很多工作，除了上述已经涉及的概念外，这些描述把区块链当作是一种思想、一种手段和某种未来呈现的符号。

我们在此无意对区块链的概念作出详解，只是在对区块链及其技术和理念的分析中寻求某种启示和稍加“错位”的视角。

1. 区块链首先被表述为一个网络系统的基础架构协议，在比特币体系中，这个运行与点对点架构的分布式网络系统中的基础协议内容可简单表述为在按照时间参数排序（或者某种不可更改的标准参数建立产生和存在秩序）的块链，在加密技术支持下承载数据存储和点对点传输及验证，使之成为不可逆和自动及内生信任的数据系统，由此，点对点方式本身成为其基础协议内容的一部分。

由此，我们完全可以简单区分区块链协议对传统互联网基础协议内容的改变或升级。传统互联网的数据生成没有对数据本身的规制，数据储存依赖于中心节点上的服务器，基于对中心化权力的不信任和数据生成信任机制的匮乏，区块链基础协议实现了对此缺陷的反拨和矫正，因此它是在基础层面改变互联网秩序，其意义和技术呈现都属于基础架构上的。人们对此有较广泛的共识。

在此基础上，区块链的基础架构协议的意义被引申至经济结构和社会结构层面。区块链技术推动者，首先将互联网 TCP/IP 协议对市场结构的改变，认定为是对市场关系的重大调整，因此才造就了阿里巴巴和尤布这样的基于互联网的商业模式和商业企业。这也是互联网改变人们生活方式和经济活动方式的原因所在，当人们更多的生活和经济活动依赖于互联网时，其所遵守和执行的是TCP/IP协议。

区块链网络一旦跨出其特定网络，如比特币网络范畴成为市场甚至整个社会基础网络架构时，它也将成为其对应和支持的网络系统的基础协议。所有市场关系的建基将直接包含公平、透明、开放、信息共享、点对点构造要求的内置硬约束，所有人只能遵守和利用这些规则，但不能改变它。同样，区块链一旦成为社会关系基础协议，包括社会管理、政府作用及其方式，也须执行权力虚置的协议要求。

显然，如果从上述视角认识区块链，无论怎样对其重要意义的高视都不为过。至少从比特币的实践意义和社会影响来看，区块链协议的运用是一个有效运用，或许很长时间以后，人们认知比特币是从它验证区块链的有效性着眼的。将区块链定位成特定网络或更广泛意义上的互联网新的基础架构协议，是认识、改变、提升已经根植于互联网的经济生活关系和制度的一种全新的方法。

2. 区块链是一种技术或者技术方案，包含其技术理念，但区块链更是一种意识形态。我们知道，区块链技术和理念最早是通过比特币系统表述的，比特币的设置架构上明白无误地表达了去中心化、去权力垄断的概念和诉求，同时在工作量证明机制中不仅执行了这一理念，还尊崇了所谓“算力民主”的概念，直接表达了经济民主的民享主义思想。这几乎成为区块链理念意识形态化的基础。

首先，区块链技术理念尊崇的是“市场原教旨主义”思想。经济学最基本的对市场和市场关系的界定，在所有经济学教科书中都能获知，我们把区块链主张对市场经济结构的认知可大致归纳为：

——市场建构于契约关系，市场活动本身是建立契约、执行契约和通过前两者活动筑造市场主体的契约人格的过程。契约和契约关系，以及对契约的认识构成了市场经济关系最基础的“底层契约”，其包含的自由选择、平等主体、公平交易等内容，后被引申出信息对称、不受干扰等很多具体原则和市场规则。

卢梭的《社会契约论》将契约思想和契约月中表述为社会关系的基础结构，三十多年前制度经济学派分流出契约经济学则专门以契约本身为核心研究对象，分析契约结构在经济制度中的作用。这从两个不同的方法路径研究的都是契约作为基础架构，在社会和经济制度体系中的作用。

——市场经济结构本质是去中心化结构，在比特币诞生以前，几乎从来没有人从中心化与否来谈论市场经济，经济学和市场经济实践自有其语境和概念结构，而这之后出现这样的表述，可查询到的较早表述是吉林大学经济学院叶明珠的硕士论文《去中心化货币系统的产生、发展和影响——以比特币为例》："现代市场经济系统就是一个典型的去中心化系统：没有静态中心（自由价格机制）、成员间有交互（以货币或直接的形式进行商品或服务的交易）、与外界有交互（生产活动）。现代市场经济中'看不见的手'正像《失控》中提到的'一只从大量愚钝成员中涌现出来的手'。在这个系统中，货币实际扮演着'成员交互的媒介'的角色。"[①]这种在更现代更互联网式的语境中，对市场经济关系的表述，象征着区块链理念对市场结构的重构。

——市场关系是不依赖于中介主体的权力构造。与去中心化理念相适应。现代市场经济关系中，交易活动的中介性和中介主体的存在，是一种常态，是市场经济本身的组成部分，中介主体的活动本身也是交易活动的组成部分。按照一般传统的理解，市场经济关系中中介主体、中介利益和中介作用是市场经济规模发展、专业化程度提升和分工细分的自然结果，中介关系的存在反过来又推动和完善了市场经济的发展。但在垄断结构和政府作用常态化存在的情况下，政府干预权力和垄断权力往往通过交易关系中的中介性主体的形式存在，改变了交易关系中的权力构造。因为通常我们可以接受也必须接受的交易关系中的权力，是交易主体对交易对象的财产权利，而不能在其中有任何附加权力。自然垄断权力本身是对市场结构基础协议的破坏，市场结构中完全平等和充分的自由选择，应表现在任何交易主体进入或退出市场，都不会影响市场价格。至于政府对市场的干预及强制力，这本身就是市场经济几百年历史弥久并且是最大争议问题，古今中外的市场原教旨主义不管以什么面目、什么方式存在，都竭力反对政府强制力对市场的干预。

区块链技术直接建构的点对点、分布式结构的直接后果是，将任何影响基础协议约束的强制力排除了出去，这在业内被称为去媒化或去中介化。

---

① http://cdmd.cnki.com.cn/Article/CDMD-10183-1014234872.htm.

严格意义上讲，区块链主张的不是去中介本身，任何中介交易主体都能在区块链结构中同样按照区块链协议来进行其交易活动，区块链排斥是交易的权力结构中的附加权力，是要实现在没有强制力情况下的交易活动。

——市场经济依赖于交易主体的信用基础。所有交易关系及其拓展的市场现象，均以执行契约的主体信用为前提，信用基础的严肃性、规范性和可验证性是保证市场关系健康有效的基础。这个问题被区块链主张者凸显出来，不仅在于问题本身的重要性，更在于区块链在比特币架构中创造性地建立了"自信用"机制，使得在市场经济架构中有可能获得不依靠人为验证的信用提供方法，在现代市场结构中交易信用起着基础性作用的情况下，强化市场关系的公平、平等。

所有这一切，区块链技术毫无疑问地确定了与以市场经济原教旨主义"基础协议"原则的匹配性，从而也证明其主张的正当性。区块链技术在这中间提供了实现这些原则的解决方案，进而在现实中产生影响力和冲击力。

其次，区块链理念推崇技术主义理念。区块链技术及其理念强烈主张在经济结构的制度框架中植入技术元素，重新建构制度约束，将区块链基础协议本身置于对人的行为的硬约束地位，从而带有明显的技术主义色彩。

技术主义(严格意义上的技术至上主义)主张将人的行为非主体化，同时强调技术的主体理性地位。技术主义思想认定技术本身的发展直接主导人类命运并决定社会繁荣的路径，认为技术是独立自主的，技术发展不受社会影响和制约，技术进步能够解决人类所面临的各种问题。17、18世纪，欧洲理性主义者大多都带有技术主义倾向，培根和霍布斯都有技术必定为善的观点，霍布斯甚至直接认为，人类最大的利益就是各种技术。在技术主义者看来，技术不仅为人类带来幸福，而且只要基于技术的进步，就会消除使人类陷于痛苦的各种罪恶。显然，从根本上来说，技术主义是一种技术决定论，主张技术及其发展是决定社会文化、社会结构和社会发展的关键因素，只有技术才是推动社会经济和社会历史发展的直接动力。

技术主义者推崇技术理性观念，技术理性的典型特征是在人类征服自然的前提下，追求分解化约、同一性、定量化和功能效用的形式合理化逻辑。技术化的过程就是按照技术理性的要求的可量度、可通约、可计算、可预测的严格程序对自然和社会进行改造、控制的过程；标准化、数量化取代传统价值体系的不可替代的价值标准。最终,技术理性成为价值理性,技术的合理性成为技术的统治性。

19—20 世纪,人类社会得益于技术进步,创造了巨大的社会财富和物质文明,技术主义和技术理性达至高潮,“技术救国”、“技术立国”等基于技术主义的行动计划和政治主张受到极大推崇。

技术主义是理性主义思潮的一种表现形式,某种程度上从技术理性角度诠释了理性主义思想的内容,同时也对应于技术大发展时期技术的能量释放和技术的能力展现的历史背景。无论如何,技术理性和技术主义在人本思潮和后现代主义语境中受到强烈质疑。

自互联网时代开启至今,人类社会在全球范围内经历了又一次技术大发展时期,源自计算机技术的技术革命,再一次深刻改变了社会的生产方式和生活方式,同时也在深度和广度上改变着社会组织和经济组织的存在范式,进而提出了系统和根本性的制度改革要求。

区块链技术及其应用理念,从比特币系统中被提炼出新的和独立的技术结构,其本身就是意味深长的,这种提炼是由人通过人的行为来完成的,它又是比特币运行中技术元素的“智能”重组和升级。显然,区块链技术被重组成新的独立元素,所秉承的本体性理念并没有超越比特币,它从现象上的应用潜力被广泛预期,从而超越了比特币的货币现象层面,同时又包含了货币现象层面,回归在分布式结构的基础定位上,既完成了本体性的自我定位,又把去中心化的核心理念凝聚在技术元素上,尽管区块链技术的实际应用在技术表达上并不绝对排斥中心化结构。

无论是在内容的延展性、思想基础,还是技术理念本身,区块链技术都已显示出技术理性最彻底的对社会关系和制度结构的改革和“干预”要求,区块链理念试图将人类社会关系的原则置于技术理性范畴,实际上技术元素凸显在一个由人、人群、人所构成的组织所进行行为系统内在基础层面上,并将技术置于元因素地位,不仅具有典型技术理性特征,与技术主义思想一脉相承,而且也构成了其技术主义意识形态化的最典型特征。

再次,区块链技术在社会组织结构的应用主张上,是自由民主主义思想的另类体现。任何夸大区块链技术理念的社会治理主张都不是真实的,至今并没有人对区块链技术的社会政治结构的影响和主张作过完整系统的思想阐述。但国内外区块链的推崇者都在不同程度上将区块链技术的应用延展至社会组织管理、政府管理、法律制度等层面上，仅在信息传输方式的制度主张方面，区块链技术就有对现有制度的绝对解构意义。如果说区块链技术源自经济问题的经济自由主义，那么它对问题解决方案也是针对原生的问题架构而言的。但在去中心化成为原则，并且着力去除附加权力作用的市场重构主张之下，将这些原则付诸社会关系的制度主张时，其秉持的思想依据对应于经济自由主义的自由选择、反对强制力和整个结构中的民主范式，实际上是自由民主主义思想的直接体现。在已有的区块链技术项目架构中，我们多可发现绝对地排斥中心化权力、平等投票权、突出财产权和公平利益分享的结构设计，甚至直接将这些主张与林肯葛底斯堡演说中著名的"民有、民治、民享"思想相连接。

本质上主张市场原教旨主义的经济自由主义，与自由民主主义思想一脉相承，只是当一种制度建构仅仅针对的是经济问题和经济关系时，它并不直接体现在某种政治主张上，而是将其设定为前提性条件或者是既定"变量"，经济学的分析方法早已跨越了规范性方法占主导的阶段，当科斯将制度经济学引入实证性方法体系后，严格意义上的规范经济学已经不存在了。因此，即便奥地利学派的自由主义思想也是经济思想的潮流，但这丝毫不能说明它的社会政治领域的自由主义主张是模糊的，但它与直接通过一个技术框架伸张社会治理的自由主义主张的区块链理念相比，仍然只是经济学思想。

二、区块链技术与数字货币

区块链技术被凸显后，讨论比特币与区块链技术的关联性并形成争议的事实表明，这个问题站在区块链技术方面来看，变成了作为货币应用的区块链技术和更广泛意义上的去中心化普遍应用的区块链技术两个方面；而站在数字货币立场上看，变成了应用区块链技术的数字货币问题和由比特币应用形成了超越数字货币的区块链延伸应用问题。

在已认知区块链技术是比特币架构核心技术的情况下，人们何以认知区块链承载的被认定是"货币"的设定数据，就能够是货币？多大程度上依据区块链规则运行的设定数据理所当然地就能获得价值效应？在区块链技术和规则被广泛认知的时候，人们提出这些问题是很自然的。特别是当人们将区块链技术从比特币概念中抽离出来时，意图将区块链承载其他数据时，比特币的意义被架空了。那么这是否就是数字货币本身的自我解构，乃至数字货币边缘化的开始？

数字货币界关于"二代币"的争议和讨论，或可提供一个区块链对数字货币本身影响的视角。没有人准确定义和概括过"二代币"的定义，在这个概念上的共识也是逐渐形成的，但对它的内涵仍然存在很大的争议。只是说，"二代币"是对比特币这一代币种架构体系的升级，由一个相对简单的架构，逐渐变成相对复杂的架构，注入了 POS（权益证明机制）、"彩色币"[①]等新内容功能的多层次架构的运行系统。按照"长尾结构"[②]融合差异化、小型化资产，形成一个子母"币"系统形式的多功能资产发行交易体系。我们在后面一章中将分析其中的几个案例，所有这些均以区块链技术为基础，它试图将资产（目前主要还是金融性资产）纳入区块链支撑的存储、传输系统，通过交易区块链承载的与这些资产挂钩的数字货币，实现现实资产的转移和存储。

从内容上讲，其本质是区块链承载的数据内容发生了变化，这一变化已经引起的变化和可能引起的变化才是值得关注的。

首先，数字货币将以此获得现实资产的价值背书，使之具有价值恒定意义上的价值比较预期；其次是区块链方式使得交易本身变得可靠和安全；最后，理论上基于一个市场系统的价值转移和低成本运转，将使得交易成本下降，这是基于目前"二代币"架构已知的变化。

由于"二代币"试图打造一个区块链金融系统，金融市场本身的运行规律和信用法则会产生多种套利冲动和机制，"二代币"系统提供的是市场上

---

① 比特币每一次交易产生的哈希地址是基于之前最后接受该货币的地址。因此对于数据块链，bitcoin 的交易是可以被追溯的。不用别人提醒，这就意味着一个币的单独或者一系列的交易都可以通过交易基准进行追溯。因为这是一个事实，因此如果能扩展协议从而允许人们来指定或者"彩色"一个特定钱币的话，我们就可以为虚拟密码货币通向物理现实世界建立一座桥梁。事实上，这个货币可以用来代表地球上的物理存在体。财产、股票/债券、商品或者任何可以具体指定的概念都可以被代表。该扩展协议正是已经嵌入 Nxt 的唯一代码，这些代码才能允许彩色货币的使用。参见 http://8btc.com/thread-2061-1-1.html。

② 见克里斯·安德森：《长尾理论》，中信出版社 2006 年版。

的交易形式的转变和现实资产市场化形式的转变，这些形式还不能直接体现资产本身的价值冲动。如区块链承载了某种资产权益，“二代币”系统能将这种权益数字化和基于区块链的交易转让，且这种资产权益数字化本身和交易都实现了高效率、安全性和低成本，但资产权益意图实现增值的内在要求，是不能通过这些直接体现出来的，只是在交易性增值和交易套利上获得更多的低成本机会。要直接反映资产权益的内在性增值要求，理论上只有两个途径：一是权益所代表的资产本身的价值升值，传统上这代表着资产经过自己的价值创造实现的价值增长；二是金融机制直接作用下的价值扩充。前者是内在的，后者是外延的。显示中更多的是两种途径的结合。

除了“二代币”系统所代表资产权益，其本身就是数字货币“资产”，资产本身的内在性增值，与系统是没有直接关系的，系统只能对各种资产存在理论上的选择权，在数字货币系统当中强调开放性和去中心化原则，原则上和技术设置上多将选择权放弃。那么剩下的就是机制化金融的作用了，“二代币”系统实现了资产数字化的区块链方式，具有附加信用提供效能，或者说也是一种增信机制，理论上和技术架构上具有承载更复杂金融产品的可能性；多数情况下，“二代币”系统依据现实资产价值和交易机制优势，具有系统金融化的冲动，价值扩充需求始终存在。因此，“二代币”初始实验一旦获得可验证的稳定性，产品化的价值杠杆机制极有可能成为新的扩充点。在此情况下，区块链技术的延伸将大势所趋。

2014年以来，包括微软、花旗、IBM等大企业机构，以不同方式公开表达了其利用区块链技术，尝试改进货币支付系统的意愿和行动计划，其针对的是现有支付结算系统高昂的成本和低效，理论上区块链系统的高效和低成本，能够为现有的银行支付结算系统的升级带来极佳机会。除了现有制度系统难以很快为其提供适应性支持外，对区块链的使用与金融系统内在的制度建构本身还是一个挑战。

就“二代币”系统来说，至少目前尚不能清晰地展现在基于系统本身的完整的制度形式，其全部制度要素，大部分来源于区块链本身的特质，也基本依赖区块链的优势，但区块链不能天然地将其所需要承载的信息具有链接金融资产的功能，它仍然以人的制度设计为前提，只有当区块链数据与其需要对应的资产，不仅实现无缝对接，且与资产本身实现完全的可验证的互动关系，区块链系统的资产表征功能才能在无监管的情况下完全实现。假定“二代币”系统依然秉承比特币的完全去中心化，那么“二代币”也是一个无中心化利益的全开放系统，理论上不需要对系统本身进行监管，完全依赖区块链信息实现公开、透明，达成信息的可靠性和完整性。但在金融系统中，信息的可靠性与信息的意义完全不是一个概念，可靠的信息也可能是烂的或负意义和无意义信息，其所表征的资产，在毫无欺骗的情况下，仍然可能是烂的负资产。因此，在坚持无中心化权力的架构中，真实维系系统效率的方式就是将区块链系统承载的信息和信息之间的相互关系的约束限定无限延长。这在技术上是可行的，但在实际运行中将不可避免地遇到现行经济运行方式所带来的阻碍，当区块链长度越来越长，其承载信息之间相互关系越来越复杂，理论上所需要的专业服务和配套机制也会越来越多，其运行成本将会不可避免地增加，这就产生了制度之间的成本比较，而技术理性决定的制度因素，如同区块链信息一样不可逆。虽然并非必然，但区块链打造的商业性系统（如果还能这样定位的话）在一开始所作的自我限定，就将制度规制让渡于技术理性，等于是制度异变，制度对资源配置的保障、促效、监管等作用都将发生异变，制度也将失去自我调整、自我更替的内生特质，这种异变的最大后果是制度固化，与区块链技术革新的最初本意背道而驰。

另外，无论是比特币还是“二代币”，其去中心化理念在实践中已经带来必须直面的问题：谁来基于利益创造这样的系统。“中本聪”选择了特殊的身份形式，使得比特币真正成为一种“无主货币”，也使得比特币成为没人真正对其进行商业维护的系统，任何人对比特币的维护投入，都不能在比特币的运行中得到直接的回报。同样的问题对所有的“二代币”系统同样有效。大批被称作竞争币的数字货币币种中的相当一部分，也确实按照比特币的架构来设计的，作为设计者和推广者要么在其中无法获利，而只能任其自生自灭，要么暗度陈仓，将中心化权力隐含其中，最终使得其声称的数字货币信誉崩塌。

总体来说，区块链技术被凸显出来之后，数字货币可能会成为一个“问题”。大部分包括比特币在内的“一代币”，在商业应用上尚未有实质性的进展，这其中相对成功的狗狗币也渐趋边缘化。“二代币”的兴起虽然只是一个开头，却为数字货币的升级发展拓展了新的空间，所开启的趋势性进程是数字货币的资产化，从创意到技术支持层面上，这一进程的表面问题并不多，且在技术理性框架下解决了诸多风险成本约束问题，但它成功与否或者实际效果的不确定性，仍然来自非技术层面的人自身的问题。

三、区块链技术引起的思考

《上述对区块链技术的认知和区块链技术应用的现状来看，区块链技术无论在经济领域、具体的货币应用尝试，还是意欲对社会组织管理的改善，它都是一种制度建构，其依据的远不仅仅是技术手段，甚至不是技术本身，它依据的仍是意识形态化的思想观念，这些思想观念本身是人类由来已久的、发展脉络源远流长的思想文化“遗产”，在区块链这里，我们之所以将这些思想依据认定为“形态化”意识，是因为尽管区块链技术理念主张实践系统的开放性，但它理念的思想基础结构是彻底排他的，也正是这种排他性，区块链理想带来了诸多问题。

第一，区块链技术在数字货币实践中秉承市场原教旨主义的经济自由主义，已知的区块链实践的应用场景呈现，包括比特币在内，都是以市场原则建构实践系统的，事实上，所有的应用系统都是建立在不言而喻的市场架构当中的，区块链技术本质上不是重构市场，而是根据市场原教旨主义的本原的市场原则，注入市场系统以区块链的基础协议，还市场以“本来面目”。但是人们往往忽视这样一个同样是不言而喻的事实，所有区块链理念想要改变的东西，垄断权力、附加的超价值权力和不必要的监管权力等都是市场结构发展的结果，至多是市场结构异变的后果，某种程度上它就是市场结构和市场关系的组成部分；区块链理念所要反对的这些市场异变因素，在上述同等程度上几乎就是反对市场本身，因为所有这些异变都是市场结构自然发展的结果，或者是根据市场原则合乎市场逻辑的发展。一如制度经济学评价制度合理性的标准是制度成本，而不是依据某种价值观谈制度的优劣，在此标准下，制度经济学不是谈要不要监管制度问题，而是哪一种监管制度更有效率、其导致的交易费用更低，哪怕在一种制度当中，哪一个制度要素设置不合理，依照交易费用标准来寻找替代方案，因此，制度经济学的制度主张大多是制度内生的，没有什么不合逻辑的。如此，至少在货币进而更广泛的经济领域，区块链理念及其要实现的目标指向，在观念上甚至是行动上内含着深刻的矛盾。

当实践者意识到或者在实践过程当中意识到这种矛盾时，为不改变已经形态化的思想原则，只有一条路可走，那就是进一步强化区块链功能，强化技术特质的作用，也就是将技术理性运作至极致。如此会有怎样的结果，值得人们思考。

第二，我们已经知道，一方面，区块链作为一种新的信息技术，其应用潜力或应用空间很大，应用跨度极广，除目前已经被付诸实践的货币功能、资产表征等方面的应用外，在信息、合同要约、组织规程、无形资产证明、教育等诸多经济和非经济领域都可能获得实际应用，并对传统相关模式产生冲击性影响，直至取代原有模式。另一方面，区块链技术终究是互联网的一种应用层，依托于互联网基础体系，尽管它在相当大程度上会改变互联网应用结构，直至改变社会组织形式和人们的生活方式，从而进一步加深人们对互联网的依赖，强化互联网在生活和生产方式中的作用和地位，但相对于互联网取代非网时代信息传播方式，区块链的意义究竟有多大，取决于它的制度建构意义，而不是直接改变生活和生产本身。

人们从互联网诞生及以后的影响获取经验，预期区块链的革命性意义，但忽视的是互联网给整个社会带来的负面性后果，不从价值观、文化形态和教育后果看互联网革命的社会历史代价，仅仅从经济进步、产业更替的成本角度来看，政府、企业都无法把握和评估这种成本代价，更不用说个人了。谁也无法预知在现在预期区块链技术普遍应用中，社会需要付出怎样的产业替代成本和制度成本。

从目前已知的对区块链技术的应用前景来看，除了对系统性制度建构的意义外，它对互联网效率的提升和网络使用方式的改观同样具有很大的冲击力，微支付、机器对机器（M2M）关联，将物联网概念提至全新的高度，其产业后果将会引起新一轮产业结构和就业结构的调整。对社会经济的平面化思维和历史思维的惯性，人们总是将技术替代引起的产业更替当作是社会进步的标志之一，这种技术进步和产业更替，直至导致的制度进步和制度效率的提升，直接形成国际竞争中的优势因素，进而无法兼顾其代价，但区块链直接触动的制度因素和产业变化增加了其发展过程中的不确定性。随着社会经济系统中技术要素的作用和比重的快速增大，技术本身带来的一系列后果正在且必将继续强化其对人的要素的影响，包括社会组织、政府管理、文化、教育等诸多环节，而我们身处的社会环境尽管因技术进步受益匪浅，但技术，一如区块链展示的技术影响前景，对社会经济结构、制度效率、教育，总之其对人本身提出的要求，大大超出目前人所能提供的自我调整的适应能力。即便人类社会真的跟上了技术进步的步伐，也祸福难料。

著名的密码学家尼克·萨博在谈到"实现无缝、自动化与全球金融完整性的方法"时认为，银行接受无须许可的区块链，才是唯一的路径，"但银行的官僚主义是如此地根深蒂固，他们的专业知识以及当地的法规和标准，使得他们很难斩断戈耳迪之结，以实现无缝的全球系统。因此，他们一直在试图重新注入控制点，然后通过'管理权限'的方式将这种弱点注入区块链，但这恰恰否定了他们想要得到的好处"。[①]

在此，我们不仅能窥见区块链系统的不妥协性，也看到制度建构的困难和不确定性，显然，如何在区块链的应用推广中妥协会是一个重大且必须面对的问题。

第三，区块链技术的应用推广如何应对现有制度包括法律的不协调性。需要指出的是，包括比特币在内的区块链应用项目，不必然形成对现有法规的不协调，对现存制度的变革实践也不必然，更不等同于与法规的冲突；特别是相对于区块链技术的应用和影响不限于某一特定领域、特定国家，而恰恰是国与国之间的法律体系和规制内容并不相同，在中国连地方之间的政策规制内容都不尽相同。

除了原本意欲利用数字货币概念进行非法活动者之外，希望以区块链技术实现技术和事业进步的实践者，并没有冲撞现存法律规制的原始冲动，因为这与他们的利益有悖，甚至他们善于与现有制度妥协，这也是妥协方案不仅可能，也会成为经常性的大概率选择。但毋庸置疑的是，对现有制度存量，甚至是部分法律规制来说，区块链就是一种挑战，否则它不会具备制度创新、制度进步的意义。那么，区块链技术包括数字货币的实践者，如何直面并以恰当的方式来解决这个问题？

一般来说，对现有制度框架有较大不协调之处的区块链应用，实验性示

① http://www.8btc.com/nick-szabo-blockchain.

范项目的意义较大，正如比特币的支付优势的体现；局部性实验项目的意义较全局性项目风险更小，尼克·萨博的观点正是指向系统性金融区块链切入，直接触及基础性制度架构。成功的小型化系统实验形成对现有制度的外部性示范，正如“二代币”、小蚁系统①的作用。当然，这只是具体的行动层面。

从原则上看，现有法律和制度存量的变化，总是滞后于对发生变化要求的现实变化的，从这一层意义上看，区块链技术应用提出的新的制度变化要求所产生的制度非适性，完全正常并合乎情理；制度层和法律层同样具有自我调整和自我完善的动机和能力。现实的问题可能更在于较为激进和较为保守的主张和行动，对区块链的推广应用产生的干扰，有时这些干扰的后果会很严重。目前数字货币界时常存在的争议，有些实际上与数字货币本身并没有太大的关系，客观存在的利用数字货币的违法活动产生的负面影响，对数字货币声誉的损害则是实实在在的，而利用数字货币在市场上激进的边缘性活动和主张，也有对这个领域潮流的误导作用。同样，无论在政府还是金融界，对区块链的保守抵触倾向也是客观的。这其中或涉及更复杂的利益关系问题。

如果我们确认区块链技术意在提高现有技术应用效率，进而提高社会经济结构的效率，实现制度优化和改革、获得社会经济整体交易费用下降的话，实践者应该更明确的是，这实际上是对固化于现有制度框架的利益结构的调整要求。完全出于市场关系和市场结构的自然演变，以银行为核心的金融体制维系着现代化的庞大中心化服务业体系，占据市场结构中巨大的利益份额，其中不乏“泛政府”的延伸服务系统，在中国称为“事业机构”的服务业，在市场中既带有政府管理的延伸职能，又有超市场强制力。在区块链应用的未来冲击下，评级机构、公证处、高速路收费站、征信部门等都可能不用存在了，这显然已不是技术替代的问题了。

以高速路收费站为例，假定高速路是国家全额投资，高速路收费站的性质等于国家税务局的委托征税机构，是政府职能的派生机构，其之所以要生出这样的机构，那是因为征税对象是非特定对象，还有就是税法上没有这个

---

① 参见小蚁系统 https://www.antshares.com/#page2。

税种，所以必须设立这样的委托机构，实际征收的是附加税；但受委托的收费站作为独立机构，滋生自身的独立利益，很多性质类似的机构大量存在于社会经济结构中，既将政府的利益实现，同时社会又为此付出了更多的代价。区块链技术的使用改变的不是政府的利益(严格说政府利益是一种公共利益，此例中政府的制度行为创新加速了基础设施建设的进程，增大了公共产品供给规模)，其所改变的是委托征税的方式，进而降低全社会的制度性交易成本。

对区块链技术的实践者来说，如何容纳、消解、替代由区块链方式受到影响的制度利益是一个重要的现实问题。

比特币及区块链技术引起的思潮、技术创新及实践，在一开始就是全球性的，到目前为止，比特币布局的区域已遍及一百数十个国家和地区，美欧在技术理念上仍有一定的领先度，这与传统和环境条件直接相关，但区块链付诸实践的真正天堂在哪里？这又是一个值得思考的问题。对此，就事论事的泛泛而谈并无太大实际意义。从区块链技术的潜力指向和实践环境来看，中国现阶段的多层次混合型经济结构可能为区块链技术的实施提供更适宜的实践环境。

相信很多人对来自西方的学者关注比特币技术可能使得现代金融惠及欠发达地区民众的观点并不十分关注。我们应该注意到的是，这样的实践目标在西方国家并不存在，新技术采用的效果，在不同经济层的效果、意义和实施难度都是不同的。至少在中国有落差很大的不同经济层共存，有着不同层面的制度性困扰，不仅对实践者来说提供了更广泛的选择空间，且更容易获得对社会的直观的积极意义。

第四章　数字货币模型比较

数字货币除比特币领衔的基本模型外，数量众多且形形色色的“竞争币”，不仅成为数字货币现象的一部分，同时也以其个性化设置的特色，体现差异性理念和商业运作模式上的不同，其与比特币一起共同铸造的数字货币产业，从不同的实践维度反映出数字货币的发展走向。

研究分析各种竞争币，并试图将竞争币中有代表性的种类模型加以细化分析和比较，实际上是数字货币研究中的重要领域。但数量太多的币种种类鱼龙混杂，数据收集以及对数据准确性的判断都是十分费力的事情，再者，不可否认的是，竞争币当中混杂着不少疑似恶意骗局，但研究分析不能简单以主观判断作结论，很多问题须最终由实践结果决定。因此，本章分析尽量避免对研究对象主观性判断，同时，选取的币种案例也不意味着对币种选定存在先入为主的结论性判断，或者意味着选定币种在某种模式中的唯一性。

一、改良的新币

1. 暗黑币

2014 年 1 月 18 日，由美国技术狂人 Evan Duffield 发明的暗黑币(Darkcoin)正式发布，该币种及其发布是 2014 年度竞争币市场最重要的关注点，不仅因为其基于 11 种加密算法的独特技术特点，更在于其将数字货币的加密性突出至顶点，暗黑币基础设置 2 200 万个总量，块链承载数量由既定公式给出，从暗黑币白皮书[①]揭示的内容看，其着重突破的是其独创的加密

---

① 暗黑币白皮书中文版：http://8btc.com/thread-14554-1-1.html。

技术方法，除此之外，作为被声称为“币”的基础属性，并没有任何特殊展示。

《巴比特资讯》刊登的对暗黑币并无很大争议的解读[①]显示，其“运用了一种称之为‘DarkSend’的技术实现了高水准的匿名特性，DarkSend 是 blockchain 级别的混淆加密，可以非常好地保护用户隐私”，并且已经实现 99%的匿名；创造了被称为 DarkGravityWave(DGW) 的难度调整机制，提升了难度调整效能。

暗黑币发布后不久，就以出色的市场表现得到极大关注，被市场推崇备至。2014 年春，暗黑币短期内价格飙升 15 倍，一度上升至 20 美元左右，并稳居各币种市值前五位。

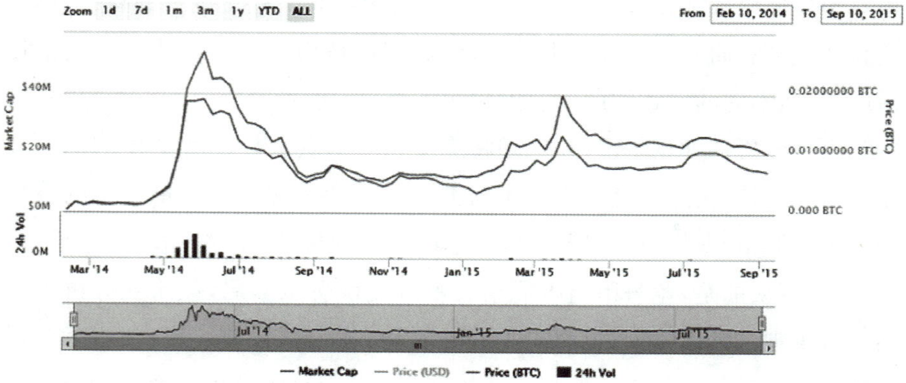

图 4-1　暗黑币行情走势图[②]

*#	Name	Market Cap	Price	Available Supply	Volume (24h)	% Change (24h)	Price Graph (7d)
1	Bitcoin	$ 3,471,649,409	$ 237.86	14,595,225 BTC	$ 21,036,200	-2.52 %	
2	Ripple	$ 250,126,042	$ 0.007699	32,488,247,336 XRP *	$ 288,513	-1.03 %	
3	Litecoin	$ 124,177,673	$ 2.94	42,218,635 LTC	$ 1,972,780	-3.40 %	
4	Ethereum	$ 88,231,580	$ 1.21	73,066,000 ETH	$ 367,429	-2.13 %	
5	Dash	$ 14,004,873	$ 2.43	5,769,804 DASH	$ 56,391	-4.39 %	

图 4-2　暗黑币(dash)2015 年中市值排名[③]

① http://www. 8btc. com/drk.

② 图表数据截自 coinmarketcap 网站，http://coinmarketcap. com/currencies/dash/。

③ 同上。

如果说比特币的区块链设置、分布式传输、储存、加密性、工作量证明机制等是其基本规定性内容之外，暗黑币基本原本无误地承袭了这些特点，在工作量证明机制上有技术改进，重点突出的技术突破之处就是它的加密性。从暗黑币发布的基础文件和以后的运作来看，它的发明人没有对暗黑币的商业运作作出任何安排和实质性推动，除了有少量偷偷预挖嫌疑外，也没有被指认运作上有欺诈的迹象。但暗黑币受到的推崇仍然是令人瞠目的，甚至它被利用到某些疑似骗局当中。仔细推敲，我们可以发现：

暗黑币是竞争币发展思路中"改良派"的典型案例，不仅有代表性，还极具象征性。更早时候的莱特币开创了"改良派"的先河，2014 年度这种改良型币种的数量实际上并没有减少，但总体上影响力与早先的莱特币和当下的暗黑币，则无法同日而语。究其原因，暗黑币在算法上实现的创新达到了大幅提升加密技术的目的，将数字货币匿名性推至极致，迎合了数字货币圈对匿名概念的原教旨崇拜。尽管本书后文对数字货币匿名概念的专门分析中对加密特质本身提出了疑问，但暗黑币的这一改良与比特币相比，仍然是实在的。这个意义至少有两个方面含义：

第一是技术意义。暗黑币的问世，至少向人们表明，对比特币技术改进的空间仍然存在。特别是对比特币基础架构支持的核心概念的改良和升级，会得到市场的支持，而加密技术改进，不仅仅是对加密货币的意义，它对区块链技术的更具直接意义，按照区块链技术的不同应用，应用层面上对区块链的加密技术可能有不同的要求，在应用层面上基础架构协议所代表的制度目标差异，会指向目标构成的商业性结构，在制度成本与目标的商业收益之间可形成的整体优势或者劣势，便可揭示这类加密技术实施的商业价值。暗黑币算法的特殊性，揭示的技术进步空间为数字货币技术的进步和推广演绎了一个有价值的实际案例。

第二，暗黑币的市场表现，显然又造就了一个竞争币商业成功案例。目前，如此众多的竞争币，真正入人眼球的寥寥无几。在一些业者寻求竞争币应用商业模式创新的同时，以技术为主打手段的竞争币的空间似乎越来越小，但暗黑币的成功案例说明，技术基础流派的创新空间不仅存在，而且仍然会取得商业上的成功。

就暗黑币来说，作为一种数字货币的运营项目，无论其外在表现，还是涉及运作的许多细节，被人指责诟病的地方很多，商业运作上值得商榷的地方更多，其中最主要的问题可能在于业主商业利益的设置和获取方法的公平性。原本竞争币设计和推广主体，在尊崇其自身于竞争币当中的理念和原则之下，意欲在运作中获取商业性利益是再正常不过的事情，但不少业主在实际运行中违背其声称的原则，在缺乏透明公开的情况下，不同程度上运用了某些不公开的手段来获取利益。其系统运作的理念和方法显示出很多业主的不成熟性。这反过来说明，数字货币业界的不成熟性和综合运作能力较弱。这与一年前相比，没有发生实质性变化。

2. 点点币

改良型币种最早和最具影响力的实践当属点点币。当2012年8月Sunny King发布点点币时，POS(权益证明机制)概念进入数字货币界的眼睑。实际上点点币本身就脱胎于比特币的分支，将比特币无用的分支做成一个独立的币种，本身就是一个实践中的创新，这一思路对后来一些创新者试图在一个币种系统内建立应用于不同领域的多币种体系具有决定性影响，但它的主要影响力在于POS理念。

> 点点币，是基于"证据区块"的，在"证据区块"中，矿工必须达成的目标与销毁币天数是负相关的。拥有点点币的人必须选择成为权益证明的挖矿人并在一段时间内贡献他们的一部分币来保护网络。
>
> "点点币并不仅仅在于其提出的权益证明系统。点点币还运用了各种形式的签名块，以及与交易规模成比例的签名者随机选择等机制。点点币是市场上唯一完全采纳这些构想的电子货币。[①]。

点点币意在遏制"51%攻击"[②]的可能性和POW即工作量证明机制情况下的结构性缺陷，这一意图和尝试明显得到了币圈的欢迎和市场的拥戴，

---

① 丹尼尔·拉莫里：《POS白皮书：基于权益证明的交易》，http://www.8btc.com/pos-white-book。

② "51%攻击"是隐含在比特币架构中的一个安全隐患，是指如果有人掌握了50%以上的全网算力，他能够比其他人更快地找到开采区块需要的那个随机数，因此他实际上拥有了绝对哪个一区块的有效权利，进而可能修改自己的交易记录，这可以使他进行双重支付、阻止区块确认部分或者全部交易、阻止部分或全部矿工开采到任何有效的区块。

并在较长时间内以主流币种的角色存在。但尽管POS概念依然存在于数字货币界的思想和实践中，点点币却已渐趋没落。目前点点币市值已跌出币种市值总排名的前10位，币价在0.4美元以下，大约只是2014年初期的1/5。

图4-3　点点币近期市场走势[①]

点点币市场影响力下降，并非因为其创新上的技术特点，而在于它的创新和技术特点没有形成实际的商业优势。很多有创意的币种都没有能成功嫁接于持续的商业运行体系，其所有概念上的优势都得不到商业表现上的有效证明，最终渐趋走衰也成必然。

首先，点点币试图"改善"比特币的弱点，原本并未成为比特币现实中的弱点。"51%攻击"始终没有成为事实，在市场运转的逻辑中，实施这一攻击的理性基础并不存在，它仅仅是技术架构设置中的一种可能性，正是这种可能性限制了算力的过度集中。而且点点币的改良也没有能在技术上完全杜绝这种可能性。因此，它的技术改进所欲达成的比较优势并没有实际形成。置于在工作量证明机制的改良更是如此，POS机制没有也不可能颠覆POW机制的作用，某种程度上两种机制不是相互排斥的对立机制，在运行上可以相互补充，并适应商业运行上的某些特点和需求。因此，点点币针对比特币的"缺陷"的改良多少有些无的放矢。

最重要的是，与大部分种类的数字货币一样，点点币始终没有刻意在某种或某一类实体商业系统中进行验证性实践，因此，点点币的POS机制的效能缺乏主要的价值支撑点，简单地讲，POS设置有点点币的价值增进机

① http://coinmarketcap.com/currencies/peercoin/.

制，在点点币自身的价值得不到稳定支撑点的情况下，这种价值增进机制本身的价值就令人生疑。所以，点点币虽然开创了竞争币对比特币的改良性的发展路径，但没有在货币环境的生态结构上作出实质性努力，暴露出了根本性的局限性。暗黑币的缺点大概也传承于此。

3. 鲨鱼币

相对于元宝币，鲨鱼币是更年轻的数字货币币种。尽管鲨鱼币业主不能免俗地宣称鲨鱼币是完全的国外背景，但至少在运行上显示，它也是由中国人本土创建和运行的项目。实际上至少从表象看，鲨鱼币是一个创意充分、立意不俗的数字货币币种。

公开资料显示，鲨鱼币是基于6种加密算法(blake，bmw，groestl，jh，keccak，skein)9轮运算的"超级安全"哈希运算。只能用CPU挖取，不能用ASIC和GPU来挖取，意图避免算力垄断。虽说其在加密性技术设置上逊于暗黑币，但也却是刻意强调算法上注入更强加密性的又一案例。

另外，鲨鱼币是少数在设置之初就注入了一些商业性用途和类金融运作内容的币种，显示其向实体商业渗透的意图，尽管其运作效率的公开数据很少，但在众多数字币种鱼龙混杂之际，创意上的目的本身就是有价值的。

二、升级的版本

1. 比特股

比特股是存续时间较长、影响不小的数字货币品种，在很长一段时间内是币圈关注的焦点。尽管POS机制尝试源自点点币，但真正引起讨论和争议的是比特股，是比特股的实践将POS机制及其理念推至成为数字货币核心话题之一。

比特股的核心设置思想在其2013年9月最早的白皮书中已经表明清楚："一个理想自由市场金融体系(Ideal Free Market Financial System，IFMFS)应当允许参与各方在最小化风险和成本的前提下，对价值进行存储、交易和转让"；"在比特股网络当中，我们创造了一种新的名为多态数字资产(Polymorphic Digital Asset，PDA)的金融产品。它能够跟踪黄金、白银、美元或者其他货币的价值，并且让持有者获得红利的同时避免所有的交

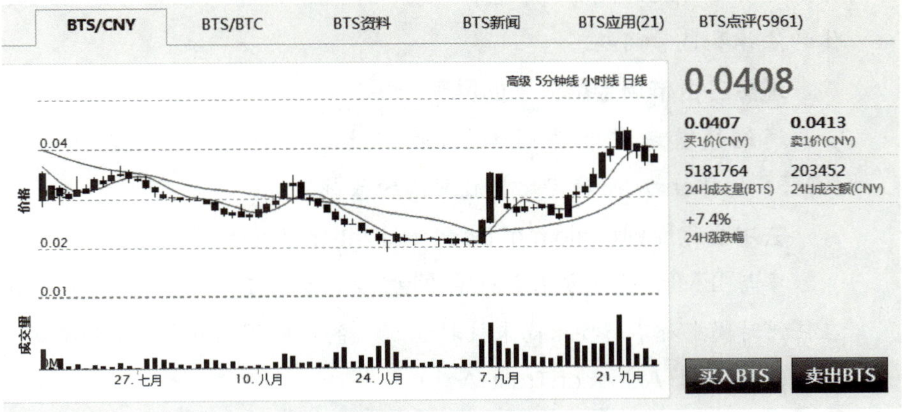

图 4－4　比特股在“比特时代”上的交易行情图

易对手风险”①。

实际上这意味着比特股数字资产系统获得某些公认价值的传统资产形式的对接，在比特股运行系统中，其设置绑定的资产结构与 POS 机制下的对资产储存的鼓励机制，均出自对绑定资产的时间储存价值的挖掘和再分配的功能。无论如何，比特股最早提出数字资产对接传统资产的设想并付诸实践，其后运行中产生的争议和偏差，并不影响其创意设想的价值。特别是，我们应该注意到，比特股在其“创世”白皮书中所提出的“理想自由市场金融体系的特性”的概念性思想表述：

> 我们首先讨论一个理想自由市场金融体系的性质。从建立它的动机开始到需要的原则。我们目的是发展出一个能够为比特股和竞争对手共同借鉴的基础。
>
> **建立 IFMFS 的动机**
>
> 我们需要一个数字化的自由金融体系，可以让任意种类的资产进行交易而无需毫无价值的中间商或者中心化的资产发行人。事实上，我们希望在尽可能减少有问题的中央节点，监管规定和授信需要的同时，尽可能保留他们的功能。努力让市场超越地理和主权操纵的限制，

① 比特股白皮书 http://8btc.com/thread－808－1－1.html。

并且可以让传统的交易所和金融服务机构整合进来而无需考虑当地具体的法律和监管问题。

理想自由市场金融体系的原则

通过慎重考虑和共同审核，我们选取下面的原则来定义一个IFMFS的特性，从而确定比特股网络的基础目标。

去中心化原则(Axiom of Decentralization，AoD)

参与IFMFS的各方享有同等的地位，不需要任何的特权，任何一方在任何时间点都不得要求尚未被超过50%的人群所拥有和使用的资源。

信任原则(Axiom of Trust，AoT)

参与IFMFS的任何一方都不需要相互信任。没有一方可以违约，并且不应该以合同义务作为先决条件。

责任原则(Axiom of Liability，AoL)

在IFMFS中没有任何一方需要从事非法或高度管制的活动，或者承担超过和朋友或家人进行加密货币与法币直接兑换的法律风险。

易用性原则 (Axiom of Accessibility，AoA)

一个IFMFS应该足够易用，使任何有能力使用电子邮件的人都能掌握并且成功地在系统中交易获利。

可扩展原则(Axiom of Scalable，AoS)

一个IFMFS必须能够在不损害系统其他原则，也不需要引入其他中心化的参与者的前提下扩展至任何量级的处理能力。

资产和交易的多样性原则(Axiom of Asset and Trading Diversity，AoATD)

一个IFMFS应该支持常见的投资工具，包括买空卖空，认购和认沽期权。它应该支持对任何有形资产的交易。

聚集原则(Axiom of Aggregation，AoAG)

在IFMFS中，一个单一的买单应该可以匹配多个最小交易单位的卖单。一个试图进行大额交易的用户只需发起一笔交易。

原子性原则(Axiom of Atomicity，AoAT)

在IFMFS中，没有一个交换或者交易是部分的、不完整的，或者处于无效的状态。

中介原则(Axiom of Escrow,AoE)

IFMFS 系统外资产与系统内资产余额的交易不应依赖于对包括买方、卖方或中介代理的任何一方的信任。中介系统应不易被买方或卖方与中介代理串谋攻击。

整体定价原则(Axiom of Global Pricing \[AoGP\])

IFMFS 不得使用任何非来自系统用户出价的价格信息。

零和原则(Axiom of Zero Sum,AoZS)

一个 IFMFS 必须既不创造也不毁灭价值,任何一方的盈利一定是建立在另一方的损失上。任何一方都不会有对系统的负债(参看 AoT)。

整体吸引力原则(Axiom of Global Appeal,AoGA)

一个 IFMFS 应该提供有足够吸引力的收益,而超越与之相关的风险,来促进每一个人参与、分享和推广,当与任何监管风险对照时,这些收益应产生深度最大的可能市场,最大的流动性,最广泛的公众支持,以及最大的需求。

隐私原则(Axiom of Privacy,AoP)

一个 IFMFS 至少能够为所有参与的用户提供和比特币同级的隐私保护。理想情况下,能够彻底匿名 3。

赫尔墨斯原则(Axiom of Hermes,AoH)

一个 IFMFS 应该尽可能快地为用户处理存款、交易和提款。系统内的交易应该以最快的速度进行确认。

安全原则(Axiom of Security,AoSEC)

一个 IFMFS 必须拥有和比特币一样或者更好的安全水平。

开源原则(Axiom of Open Source,AoOS)

对一个普通开发者而言,所有 IFMFS 的相关软硬件必须是开放的,可审查的,可重新生成的。

被动订单执行原则(Axiom of Passive Order Execution,AoPOE)

订单可以在没有用户或他们的电脑的交互式参与的情况下执行。

除致力于数字货币创新的少数研究者外,很多人在注意到比特股的一般意义上的新意和其市场表现外,也对比特股运行中出现的问题给予了很大的关注,但却忽略了比特股这份文件中宣称的“十七原则”的意义。我们可以看到这十七条内容包含了基础性先决性原则,如第一、二条的去中心化和所谓信任原则,也就是信息的不可逆性,这几乎就是数字货币的教条原则;再有就是它坚持了原本意义上的市场和维系市场基础的多元性、开放性原则,大部分以技术术语表达的系统运行原则,几乎等于重申市场的原教旨主义思想,但它表述在行动规则上。如果我们从整体上理解这其中的“隐私原则”,那么它与通常人们所强调的隐私保护的重要性也有所差异,这里的“隐私原则”更出于市场的自由原则。与中本聪对比特币架构的意义解释相比,这些原则表述是对数字货币行为设置层面上的规则制定,将数字货币确定在基于市场法则的基础上,至少它也是对中本聪对比特币诠释的延展。

比特股在文件中把它当作数字货币运行规则的标准范本,实际上它是制度建构意义上的文本学实现。这是基于数字货币技术成型基础上的对商业运行规则的标准和理想化要求,包含基础原则和实践原则,在理念上和技术上具有一致性,同时它在相当程度上涉及了制度系统的结构要素,具有相当大的实践意义。对“十七原则”内容可能存在争议空间,至少在意义诠释和内容覆盖面上,它还存在很大的完善和发展空间,但相对于后来类似创新文本和比特股的其他纲领性文件,“十七原则”的意义超出了比特股本身,在数字货币历史上是可记载的思想标志之一。

2. 未来币

2014年3月,《未来币白皮书》的中文译本在巴比特资讯刊出,[①]后来未来币成为比特儿巨额钱包被盗案的标的,更是声名鹊起。根据其白皮书所叙,未来币的“未来”意义是指,“用交易费来奖励锻造出目前区块的节点……随着Nxt增加更多的特征,每一个参与锻造的Nxt账户所生成的收入也会持续增加”。即这一设置使得未来币具有较为确定的未来价值的增长预期。更早些时候的对未来币特质介绍,更简洁明了地概括了未来币的创新点:

1. Nxt(算法)是全新的,拥有自己的算法。

① 未来币白皮书 http://www.8btc.com/nxt-whitepaper。

2. 它是100%的股权证明,……这有效地去除了内在的安全风险,因为目前51%的攻击或者其他内在的脆弱性都会导致这些PoW币种灭亡。……因此PoS不需要大量的哈希计算。

3. NXT在2014年1月发布产品时,将拥有一个特别的新功能“透明采矿”(Transparent Mining)。这将允许NXT能够处理类似Visa/Mastercard的巨大交易量。……协议提供的透明性能让每个客户端自动预测谁将生成下一个区块,他们就可以将交易直接发往该节点。同时也可以实现为直接和高优先级交易付额外费用。透明采矿的另一个同样重要的功能是该协议拥有一个特别的安全机制可以降低结点的采矿权,当一个轮到一个节点产生下一个区块,而它并没有这么做时,它的采矿权将被临时降为0。根据先前的讨论,PoS机制可以防止51%攻击,而透明采矿甚至可以阻止拥有90%NXT的个人生成区块链分支。

4. 它提供了内在的特征,比如去中心化的点对点对换、彩色币、信息/聊天、去中心化的DNS(主机域名)以及即时交易等选项。[①]

在此,我们看到了未来币已经呈现一个关于包含POS机制、去中心化兑币交易机制的资产表征和交易系统的综合运行体系的架构,也展示了所谓未来价值呈现的真正意义所在。那就是关于“彩色币”的含义。

对于bitcoin,每一次交易产生的哈希地址是基于之前最后接受该货币的地址的。因此对于数据块链,bitcoin的交易是可以被追溯的。不用别人提醒,这就意味着一个币的单独或者一系列的交易都可以通过交易基准进行追溯。因为这是一个事实,因此如果能扩展协议从而允许人们来指定或者“彩色”一个特定钱币的话,我们就可以为虚拟密码货币通向物理现实世界建立一座桥梁。事实上,这个货币可以用来代表地球上的物理存在体。财产、股票/债券、商品或者任何可以具体指定的概念都可以被代表。该扩展协议正是已经嵌入Nxt的唯一代

① “水手”译“Nxt币,第二代密码学货币”http://8btc.com/thread-2061-1-1.html。

码,这些代码才能允许彩色货币的使用。①

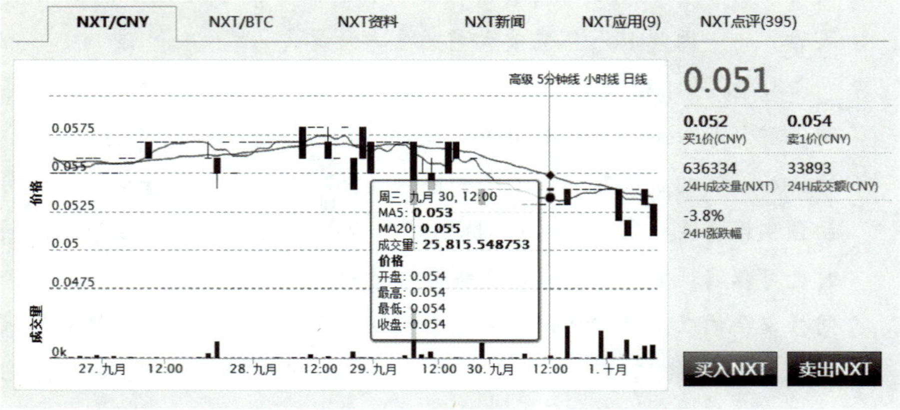

图 4-5 未来币在"比特时代"上的行情交易图

我们将在后续的介绍中看到极为相似的设想,没有人能准确判断这些相似设想是出于相互之间的启示,还是区块链技术架构挖掘思路引出的人脑的相似反应。但在此可以归纳出来的要点是:(1)未来币将是一个包含了多个币种的币系统,未来币本身将会是一个链接这些币种的"母币",且它们之间的技术关联已经被描述;(2)这个系统将由"彩色币"链接起传统资产。

3. *以太坊*

以太坊本身是以区块链技术为基础的一个综合的复杂应用系统,它包含了多个组成部分,最新的资料显示,它至少包括两个"市场预测平台"、三个区块链浏览器、几个钱包开发计划、几个基于不同应用的去中心化项目,另外还有关于网页集成环境等多个项目,②总之,以太坊是一个平台和机制,容纳和促进在其"编程语言"体系下许多区块链和分布式网络应用。因此,以太坊进入人们眼帘和受到关注,最主要的是其明白无误地意图直接将区块链和分布式网络的技术协议架构注入并提升互联网运行模式的勃勃雄心,数字货币的应用系统只是其中的一部分。

在最近的数字货币市值排名列表上(参见图 4-2),以太坊(Ethereum)

---

① "水手"译"Nxt 币,第二代密码学货币"http://8btc.com/thread-2061-1-1.html。

② 参阅"以太坊的演进之路"http://www.8btc.com/the-evolution-of-ethereum。

早已超越暗黑币等黑马币种，稳居前五位。在相当一段时间内，“以太坊”以其技术专业性为其突出优势，在数字货币创新思想和信息的国际化水平方面，“以太坊”团队均处于币圈世界的领先水平。在某种程度上，“以太坊”对中国币圈的创新理念产生了很大的影响。

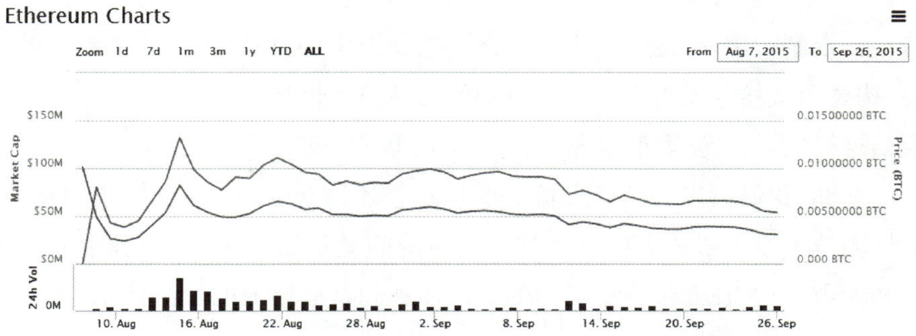

图 4－6　以太坊行情走势图①

2014 年 1 月，以太坊在公开的白皮书中表达了其创意设计的认知原因：

首先，它将比特币区块链理解成“一种能够让整个世界就一个公共拥有的数据库的内容达成一致的机制”和“一种用块链上的数字资产来表示定制货币和金融工具的思想”，“智能资产”。这一理解也就是通常人们对区块链技术及其理念的普遍认知。其次，它表象为一种理想和行动目标，“像汽车这样的能够通过追踪块链上的彩色币来确定当前合法拥有者的物理实体，此外还有诸如去中心化交易所、金融衍生品、对等投注和基于块链的身份与信誉系统之类的更高级的应用。可能所有这一切之中最具雄心的概念是自治代理或者去中心化自治机构”、“资源和资金被密码学块链上的自我强制的智能合约以自治方式管理，从而避开了对于法律合约和组织规章的依赖，并且没有任何中央控制的在块链上运行的自治实体”。再次，达成这一理想是很难基于目前的架构实现的，“原因很简单，因为比特币的脚本系统，以及诸如基于比特币的彩色币和 Metacoins（所谓元币）等下一代加密货币在允许 DACs 所需要的任意复杂的计算这一点上都非常受限”。因此最后，以太

① 数据来源 http://coinmarketcap.com/currencies/ethereum/。

坊“旨在提取上述协议中的创新并将其通用化，创造一个功能完善的、图灵完备的（但是可深度自由调整的）加密账簿，它允许参与者编写任意复杂的完全存在于并且被块链传递的合约，自治代理和关系。用户可以把以太坊当成一种‘金融积木’来用，而不是受限于某一特定的交易类型集合。这就是说，一个人能够简单地通过协议内置的脚本语言编码去实施他所希望的特性。定制货币、金融衍生品，身份系统和去中心化组织的创建将变得容易，构建以太坊开发者未曾想象得到的交易类型也将是可能的。总之，我们相信这样的设计是迈向‘加密货币 2.0’的坚实一步”。[①]

在此，我们可以看到以太坊的区块链技术改进思路，将更加通用化、兼容性的技术设置置于更加自治的金融系统的基础架构中，至于其中的彩色币和元币，以及在此架构中搭建的资产体系和自然形成的交易体系，全部寓于这个架构的基础协议上。

最重要的是，“以太坊”构建的是一个区块链模式下新的资产存在形式，其所展示的技术理念试图支持一个尚未表述清楚的新的制度框架，其意义已不仅仅是数字“货币”本身。在2014年10月发布的较完整的以太坊文件中，智能合约和去中心化的“应用平台”概念被置于突出地位。“以太坊的目标就是提供一个带有内置的成熟的图灵完备语言的区块链，用这种语言可以创建合约来编码任意状态转换功能，用户只要简单地用几行代码来实现逻辑，就能够创建以上提及的所有系统以及许多我们还想象不到的其他系统”。[②]

所有这一切都试图在表明，一个由编码语言支持的智能合约系统支撑起按照透明公开的数据逻辑执行的合约体系，这个合约要约数据在区块链中自在地形成能动的信息碰撞，以达成要约数据内含意义的重组，形成一个与原始要约意义不冲突的新的意义。从初始设想架构上，新的制度含义排除了或回避了监管和法律体系，进而降低社会的监管成本，达到降低交易费

① 本段引用均来自“以太坊白皮书”（巨蟹、比特币咕噜翻译），http://wenku.baidu.com/link?url=JPvM9ecbnb5mecnlAm5zBwMZLR9MSiCL2kLKar2fbcFOPP95241fIvMiUrKoKc1ukf8DMrVYloNvD6oKNGgZmU7PVa9LU27QBAVT7VSAfHa。原文网址 http://ethereum.org/ethereum.html。

② 参见《以太坊（Ethereum）：下一代智能合约和去中心化应用平台》（巨蟹、少平翻译）http://www.8btc.com/ethereumwhitepaper。

用、增进市场效率的效能。但我们之所以将这个新的制度框架认定为尚未表述清楚，并非意味创意者忽视了制度建构的某些必要元素，也不意味着他们故意回避了这些元素，而是因为"以太坊"区块链实践的创新是基于何种原因，其所认定的区块链技术趋势，还是对现行制度缺陷的指认。

既然以太坊的思想和技术实践方式已经触及传统制度最基础和最深刻层面的内容，它就不能回避制度建构本身的方法及运用这一方法所必须面对的问题。当然，先行的实践仍然是提出问题和解决问题的最好路径。所以，尽管"以太坊"目前更多的仍然是一种实践思路和理念建构，尚不是真正制度建构意义上的创造，但这并不影响它作为数字货币的革新意义。

4. 元宝币

元宝币发布于 2013 年 6 月，英文缩写 YBC，官网网址 www. ybcoin. org，是被称为完全由中国团队自行研发、自我管理，且存续时间很长的知名竞争币币种。根据其官方提供的数据，元宝币全网每分钟产生一个区块，每个区块包含 10 个币，因此每年最多产生 520 万个币，基于 scrypt-jane 的算法。除了相对于其他币种其基于工作量证明机制的产出规模数量较少之外，并无特别之处。

但元宝币推出后，元宝团队以其特立独行的运作方式坚持商业应用推广路径而著称于币圈，正如其公开宣称的那样，"元宝币最初的定位就是中国自己的数字货币，一直立足中国市场进行发展，持币用户以国内用户为主"。[①] 由于其连续技术升级带动的商业模式的升级，不仅使之在运行上保持连续性，逐渐显示出其初期具有的战略性规划，更使之保持很高的关注点。其显示主要特点的内容体现在商业推广路径和升级改良的技术实践上。

坚持以商业应用为先的发展路径。在元宝币早期技术结构中，并没有十分突出的技术热点，"基于 Scrypt－Jane 的 POW 算法（Proof of Work，工作量证明机制，按照算力大小竞争分发的币）"，[②]一开始就表现出鲜明的

---

① "新元宝币白皮书"，http://www. ybcoin. com/wp-content/files/New_YBCoin_Whitepaper_cn. pdf。

② "新元宝币白皮书"，http://www. ybcoin. com/wp-content/files/New_YBCoin_Whitepaper_cn. pdf。

特点,建立独立的元宝币交易网络并在其中注入诸多元宝币商业支付内容,是其最重要的运行特征。这代表着规划者试图推广支付范围、建立元宝币与实体商业之间对接的意图,在其商业运作上真实定位其货币属性的尝试,使得元宝币在初创之时就受到了币圈内外格外的关注。

目前,元宝币只在少数几个有较高信誉的竞争币交易平台上挂牌交易。

	最新成交价		买一价		卖一价		24小时最高价		24小时最低价		成交量
市场	人民币	美元	人民币	美元	人民币	美元	人民币	美元	人民币	美元	元宝币
ALLCOIN	0	0	0	0	0	0	0	0	0	0	0
BTC100	4.31	0.69376	4.00	0.64386	4.60	0.74044	4.59	0.73883	4.01	0.64547	3682.60
BTCTrade	3.66	0.58913	3.66	0.58913	3.69	0.59396	3.70	0.59557	3.64	0.58592	1692.35
元宝网	3.66	0.58913	3.62	0.58270	3.69	0.59396	3.82	0.61489	3.61	0.58109	73831.31
比特时代	3.69	0.59396	3.64	0.58592	3.70	0.59557	3.69	0.59396	3.61	0.58109	1118.60

最后更新于2秒前

图 4-7 BTC-Z 的元宝币在各交易平台的行情图

在元宝币升级模式中,开始注入"二代币"的概念性理念,在承接原有商业应用理念的基础上,首先是对 POW 机制进行改良,提出所谓 VPOW 机制的概念。其主要内容是,"在这里我们要提到一种特别的矿池概念:机枪池(Multipool)。机枪池不固定挖掘某一种数字货币,而是会将算力自动投入到最有利可图的币上,机枪池后台会自动将挖到的币卖出,然后再从市场上自动买入某种结算货币再分配给矿工";其次是引入了 POS 理念所进行的技术架构上的改良,"为了激励更多的用户提供在线节点,同时鼓励更多用户持币,计划在随后推出主节点分发计划","主节点类似利息机制,但是利息率是动态的,也就是主节点越多,每个节点分配到的利息就越少,从而自动维持网络中一定的节点数量"。①

也许元宝币最重要的升级行动某种程度上也是一次转型行动,是关于"太一"概念和模型的提出。在 2015 年 5 月发布的《太一系统技术及应用白皮书》中,其首次提出的概念是:

> "太一"体系将支持多种数字资产、DAC 及去中心化交易等二代币功能,同时又兼容包括比特币在内的各种一代币。用户可以在太一钱

① "新元宝币白皮书",http://www.ybcoin.com/wp-content/files/New_YBCoin_Whitepaper_cn.pdf。

包中保管和交易多种数字货币和数字资产。

元宝团队作为太一系统的发起者，首先将元宝币已有的生态系统和开发成果开放给整个数字货币社区。我们将放弃以前的 QT 钱包架构，转而将开发力量投入对太一钱包的开发。而对于新元宝来说，随着太一系统的发展，新元宝也将首先获得太一所带来的灵活性和新的功能。[①]

这份文件详细说明了其架构升级方案和理念。在这一框架中，这份文件指出的太一系统的两个应用场景是“替代数字货币”（ALTCOIN）和“资产代币”（TOKEN），并宣称因此寻找到了“价格恒定”的方案。在“替代数字货币”一节中，文件强调“太一系统可以很简单地发行多种数字货币，多种数字货币可以共享 ABC 的区块链”。[②]

在引人瞩目的“替代数字货币”一节中，文件这样表述：

子币能够作为代币，代表其他各种货币，包括比特币、莱特币等数字货币，以及人民币、欧元等法币，以及股票、债券、期权等证券。代币作为一种记账方式，能够将其他货币引入太一体系内进行交易，同时能够避免原有货币在安全性和便利性上的问题。[③]

这实际上是将代币定格在不同资产交易的中介工具上，显然受到了瑞波系统的影响，只是它大大扩展了交易资产的可能性范围。

关于“太一”的用途，文件是这样表述的：

1. 可以用于建立高效的营盈利性捐赠系统，方便追查资金流向，提高公益的透明性

2. 人民币股权众筹、分红可以通过 TRMB 进行

3. 交易平台可以使用 TRMB 作为充值码，解决充值渠道的问题

① “太一系统　技术及应用白皮书”，http://taiyilabs.com/download/TaiYi_Whitepaper_cn.pdf。
② 同上。
③ 同上。

4. 可以作为其他货币交易的基础货币

5. 可用于各种形式的支付应用[①]

我们可以看到，在“太一”系统的设置框架内，与其说是一个升级版元宝币体系，倒不如说是业主试图建立一个数字资产体系，而且建基于有“恒定”价值基础的数字资产综合功能于一身的资产交易系统。将其形式上次要部分剥离的话，实质就是数字货币对应于某种或某类有价值确定性的资产。一个综合性的资产组合为“太一”系统进行价值背书，至少在表象上类似于某种货币的一揽子挂钩的汇率形成方式，这或许是元宝币业主声称的能实现“价格恒定”的原因，显然这是对比特币商业架构(如果有的话)的升级。

在进一步阐述了“太一”的去中心化支付系统和去中心化证券系统之后，元宝币的这份宣示性文件在数字货币运行理念上完成了一次新的建构。与以往的数字货币改良和注重于某一支点的操作性改进相比，也与数字货币的许多探索者，特别是国外技术界提出的众多创意思想相比，元宝币是一次真正的系统性升级，其意义不可小觑。

由于元宝币的升级行动处在起步和铺展阶段，元宝币文件也没有涉及更多的支持运行的技术和商业架构上的详细说明，作为一种数字货币模式的元宝币，留下了众多有待解答的问题，这些问题既有技术上的，也有理论上的，更有实践上的。我们发现，在“太一”系统支持的对接资产种类中，清一色的是传统金融资产范畴，在实践上不可避免地与现行制度设置产生不协调之处，“太一”似乎没有显示出对金融资产再定义的意愿和能力，实际上资产数字化，或者数字货币资产化之后，其运行方式和技术特质已经改变了很多传统资产的形式结构；另外，“太一”现在披露的信息没有涉及“太一”资产对接传统资产之后，对传统资产这块的监管处置方法，这同样是系统基础架构层面上的制度要求。其他还有不少空置着的很多具体问题，今后元宝币的实践或能逐渐解答这些问题。

三、比较与结论

早期竞争币当中的由点点币开创的对比特币的改良作为，到2014年的

① “太一系统　技术及应用白皮书”，http://taiyilabs.com/download/TaiYi_Whitepaper_cn.pdf。

暗黑币时达到阶段性顶峰，并仍然产生持续影响。早期多种曾经风光一时的币种均属于这类风格。这些改良并不局限于特定改良点，而是针对比特币架构和运行实践中的某一技术点，或者是某一运行方式。其共同之处在于基本承接比特币的架构思想，去中心化理念始终是核心，而缺乏实践深度和架构上的系统实践理念和方法，也几乎是这类币种的通病，至2014年年底，这其中的大部分币种逐渐淡出人们的视线，有些甚至已经事实上寿终正寝。

有所不同的是，点点币既开启了改良型币种的趋势，同时也最早开创了数字货币基础理念升级的先例，尽管它开创的POS机制仍存争议，也远未获得实践的充分证明，但大部分后续数字货币升级系统和“二代币”设想，不仅有相当内容直接沿用POS架构，更从点点币的改良思路中获得灵感。

虽然说暗黑币最终会取得怎样的实践结果，因其时间仍短，尚不能对其盖棺定论，但一代币，包括改良型币种的实践，除了比特币这个特例外，至今总体上并不很成功。究其原因大致可从几个方面加以探究：

1. 对数字货币认知和理解上的普遍性误区的存在。数字货币界对新技术条件下的货币工具的发生、发展和功效的理解多有偏差，这种偏差多表现在货币信用、私币性质和现代条件下货币功能等方面，过于强调货币发行中的中心化机制的弊端，夸大比特币架构货币发行自信用机制的作用，漠视货币价值信用基础的重要性，把私人货币的自由性与货币一体化发展对立起来，将私币发行和存在的价值信用前提虚置化，同时将现代经济社会过度监管的某些弊端归罪于中心化机制下的货币属性。总之，过于简单地看待现代经济结构的货币问题，以至使得数字货币早期版本及其改良型设置终在其货币定性上“失位”。对数字货币理解定位上存在偏差。从改良型币种的技术改良指向可以关注到，大部分数字货币业主和技术改良方案显然没有准确把握作为数字货币的货币属性功能，以及在新技术架构中优势所在，只是在旁门枝节上下功夫，除了获得一些短期关注外，最终会失去其存在价值。

2. 尽管在技术架构上，后来的大部分竞争币与比特币没有实质性区别，但它们与比特币最大的不同是，中本聪与比特币的关系和竞争币业主与他们开发的币种之间的关系往往存在根本性的不同。许多竞争币业主在其开发的币种当中寓于了太多的私利，而且这种私利的获取往往又太过粗暴，直接破坏了数字货币开放、公平、透明的原则基础，事实上破坏了其最根本的去中心化结构。在数字货币商业运用未有斩获的总格局下，又丧失了数字货币新理念的信誉，导致一代币坠入总体退潮的态势。

从比特股开始，到以太坊，直至中国的元宝币实践，这些构成了所谓“二代币”概念的新型数字货币类型，无论从理念、技术架构，还是到实践深度，这些币种的制度学意义都远超它们的前辈。这其中建基于更广泛技术视野的以太坊系统的正宗地位受到业界的普遍认同，按照已知信息呈现的内容来看，以太坊和元宝币太一系统都旨在打造一个基于区块链和分布式网络的数字资产系统，这个数字资产系统可以容纳不同类型传统资产的数字化或数字货币化，在其集成化的系统内可以支持这些资产的相互交易，当然也包括这些资产的数字化发行。从表面上来看，以太坊以其更高的技术抱负和独到的技术积累方式，逻辑上对其数字货币系统的技术理念支持，当更有优势，而元宝币的升级版则有其前期的商业化实践经验和基础，某种程度上其已经拥有的商业资源及其规模，同样在逻辑上直接可能给其升级版实践带来独到优势；以太坊在其系统内容上的技术设置路径、理念上的思路表达

排名	币　种	★Star 评分	Forks 分支	Repositories 库	Code 代码	Issues 话题	Users 用户
1	比特币	7 472	5 188	6 460	2 276 357	20 698	451
2	瑞波币	1 284	484	1 186	728 050	8 171	172
3	莱特币	1 027	146	405	143 553	1 359	37
4	以太坊	567	228	482	18 667	3 034	16
6	狗狗币	1 087	493	406	23 251	1 322	22
8	比特股	162	172	115	2 222	1 182	5

图 4-8　部分币种评分数据比较

说明：标准 Star 指标和 Forks 指标均为对钱包的评分数据。

更为清晰，而元宝“太一”则在系统的商业结构上的呈现更明确。从基础框架定位上看，以太坊和太一严格来说并不是一类东西，在数字货币视角上的相似性完全可能在上述不同点上最终呈现出是异质的系统。

如果说比特股是真正升级版数字货币的始祖，那么其“十七原则”就是其作为始祖地位的核心价值所在，包括元宝币、以太坊在内的二代币创意原则均没有对其有实质性超越；如果说比特股还是一种升级版的数字货币，那么元宝币“太一”和以太坊的系统构架已经不是一个典型意义上的数字币种，而是一个包含多个币种在内的运行体系，或者是一个资产化了的数字货币系统，代表着数字资产模式的某种发展方向。几乎所有“二代币”的设置本质上都是将经济学意义上教条化原则，用精细的技术架构呈现出来的过程，都还缺乏商业实践的检验和经验积累。从数字货币发展的短短历史来看，区块链和分布式网络架构呈现的技术理性，最终能在多大程度上决定人们对未来财富的定义和人们相关关系的调整，将会是这些系统模式成效的根本因素。

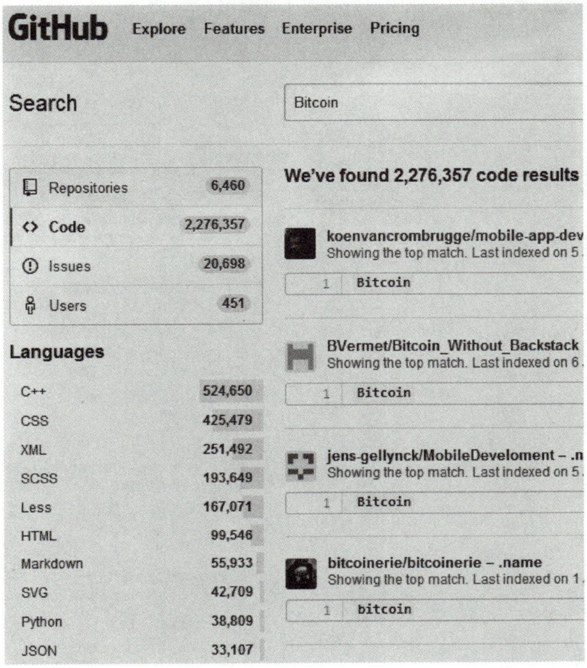

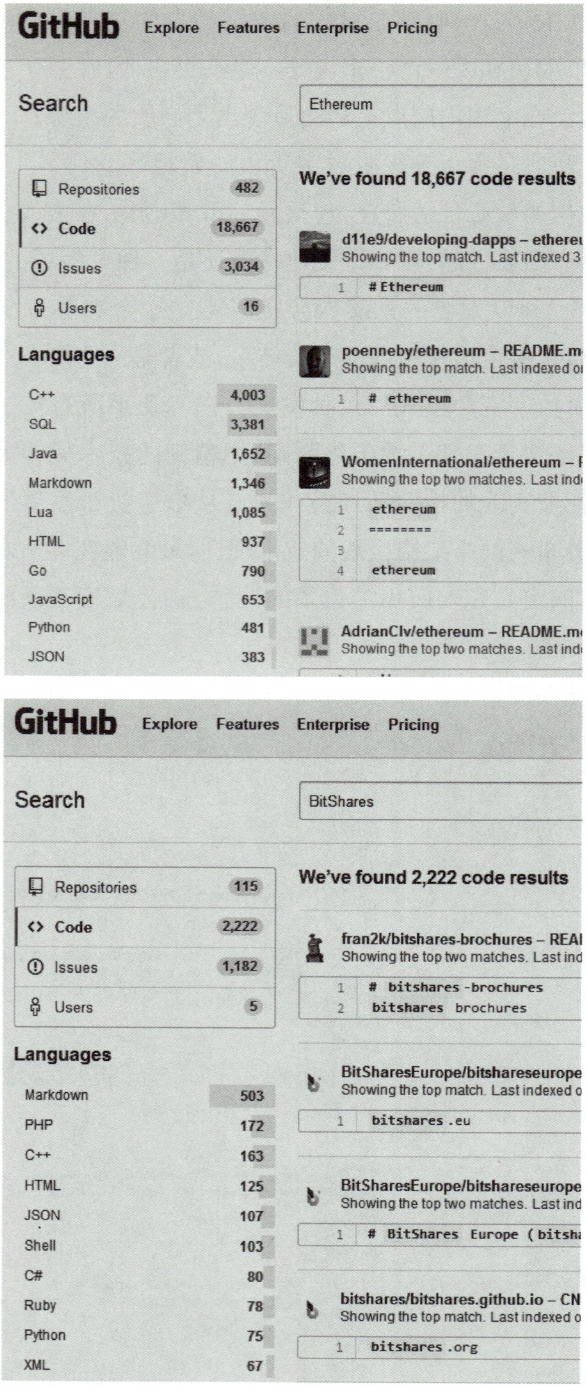

图 4-9 本章附图——比特币、以太坊和比特股主要代码数据列图

第五章　悬而未决的问题

比特币诞生至今六七年的数字货币实践，不是由政府推动的在某个国家某个地域，或者某个行业内试验，而是在全球范围内由资本、企业和个人推动并覆盖其各个产业节点的完全自发的实践。很难说这种自发实践已经获得了实践者预期或期望的结果，甚至很难说数字货币实践已经创造出或展现出全新的新经济行为机制的雏形，人们自可以继续展望在区块链技术理念下更高远的未来，或者至少可以断言比特币带来的全球化背景下支付系统的革新，特别是在持续的技术进步支持下更成熟和更高效率的安全的财富转移方式，或可带来更加自由的经济体系。

经过 2013 年和 2014 年跌宕起伏的发展和市场震荡之后，无论作为一种声称的货币或其预示的制度形式，或者一种全新的资产表现形式，还是作为一种新型产业，在显露出其独特的生命力和存在价值的同时，也暴露出很多内在和对接于外部环境时的问题，留下了更多值得思考和回味的“关注点”，社会不同层面从不同角度，甚至基于不同思想形态的立场，对此已有很多评判，今后也必将会持续某些关键问题上的争论，特别是事关我们对未来的趋势性判断、事关更本体化的制度改革和进步的时候，有些问题早已超越数字货币本身。被“发现”的更深刻、涉及面更大的问题，已不仅成为数字货币及其业者必须面对的，而且成为许多领域的人们应该思考的问题。无论对比特币的态度立场如何，当人们意识到，面对这些问题，实际上某种程度上就是面对未来的时候，其意义完全不同。

为了更好地阐述这些问题，我们还是以比特币为例来作为论述对象。

一、比特币是一种金融资产还是货币

实际上这一问题并非由数字货币界自己提出来的，理论上过多纠缠于这个问题，也不具有太大的意义。但这种定位界定却是各国官方政策制度和立法界定的基础问题，对数字货币的发展具有重大实践意义。

2014年年美国、澳大利亚和新加坡等国的既成立法都将比特币作为资产界定来确定税收、监管的法律和政策。中国2013年“国五条”指认比特币是一种“特殊商品”，也倾向于资产界定。比特币拥护者和比特币发明者却都突出比特币的货币属性，显然对各国将比特币放在资产层面上的定位不会满意。

从问题的实质看，货币本身就是特殊的金融资产，只是在法律层面上与金融资产的概念有所区别。所以，道理上这个问题是法律问题、实践问题，不是理论和观念的问题。

根据2014年各国官方对比特币及数字货币问题的政策和法律的提取，我们可以看出整个2014年，数字货币的代表者比特币在全球的法律和舆论环境持续处在争议和不确定当中，一些国家的政策法律倾向和实际立法结果，尤其是世界经济影响力最大的美国和中国的比特币政策法律动向，对比特币世界产生了极大的影响。但总体来说，在经过较短时期的迷茫和焦虑之后，大部分国家和地区对比特币的官方态度逐渐向理性、客观和法制化方面靠拢，在剔除各国特殊的制度和法律因素外，主要经济体的比特币官方立场逐渐趋同，比特币未来发展的政策和法律因素也开始向可以预期的方向转变。

中国国内对比特币性质的讨论主要在数字货币界之外的主流研究、银行界等领域，并按照中国研究的语境和概念来进行，据此，我们概括的主流观点大致是：

1. 支付媒介——货币属性

这类观点认为，数字货币是具备“可转换”性的虚拟货币，具有实际货币的同等价值，或是实际货币的替代品。

在这种情况下，数字货币在经济生活运用中担当的是支付媒介和计量工具的角色，而在财务会计核算时则属于货币资金的另一种表现形式，可与本币的现金、银行存款并存。

数字货币作为支付媒介，在会计核算问题上，唯一与本币现金和银行存款科目不同之处在于，由于数字货币会根据市场行情的变化发生一定幅度的涨跌，因此，在每一会计期间结束时需要对其计算转换损益，并计入“财务费用——转换损益”科目。会计处理方式类同于对外币汇兑损益的核算。除此之外，在财税体系当中并无其他的特别之处，笔者不做详细叙述。

2. 虚拟资产——商品属性

这类观点认为，数字货币的交易更像是以物易物，而非货币交易，因而其应算是一种资产，适用资本利得税。

国内对虚拟资产约定俗成的定义，是指狭义的数字化、非物化的财产形式，它包括网络游戏、电子邮件、网络寻呼等一系列信息类产品。由于目前网络游戏、电子商务的盛行，虚拟资产在很大程度上就是指网络游戏空间存在的财物和电子商务运营平台发行的代币，具体包括游戏账号的等级，游戏货币、游戏人物拥有的各种装备，各种类型的消费积分、消费券，以及以各类机制产生的各种虚拟币，等等，这些虚拟资产在一定条件下可以转换成现实中的财产。

凡有交易发生的地方就会有财税问题的存在。虚拟资产的交易同样也会涉及财务核算问题和税收征管问题，而且，相比实体资产的交易而言，虚拟资产交易所引发的财税问题更为突出，因为目前国内外对此类交易尚无完善、成熟的财税法规来指引相关交易行为的执行。这也正是笔者需要重点研究和探讨的。

上述两种观点的思路恰是针对了具体运行层面上的政策界定，这也吻合于目前世界各国官方对数字货币产业的政策界定的现状，而这种政策层面上的考虑，针对的就是对数字货币产业的监管和税收政策的选择，这又是一个数字货币领域重要但还未形成一致认识的问题领域。

二、监管和财税问题

（一）监管问题

自比特币开始产生影响之时起，对数字货币领域的监管问题就一直是政府层面和业者层面的争议问题，随着数字货币实践的发展和数字货币业界的投资风险和管理风险的逐渐显露，对数字货币监管的必要性官方和社会上没有太多争议，数字货币业界的主流意见也逐渐倾向于必要的监管。另一方面，在很大程度上，监管缺乏现有政策法律方面的依据和现成经验，是全球范围内对数字货币领域监管力度不大的主要原因，这又和对数字货币的认识不一致直接相关，即便在欧美法律体系相对严密的经济体中，依然存在这样的问题，2014 年的美澳立法，实际上也就是要逐步解决这个问题。

那么到底监管什么、如何监管、谁来监管呢？这方面的问题却没有什么现成的答案，各国所依托的法律基础和更深层面的制度结构本来就有很大的差异。但对“监管什么”这个问题是可以直接探讨的，即便这其中也有原则问题和实用性的选择问题。

一般来说，官方层面对数字货币最显性的担忧点，首推洗钱和利用数字货币的非法交易问题，传统经济监管对此也一直是工作重点，现有依托银行为核心的反洗钱、反非法交易监管是一个严密的网络，不管其效率如何，它依然是各国普遍执行的做法，并据此进行国际合作。但比特币问世后，客观上这个监管网络被撕裂了一个口子。从 2013 年查获的美国“丝绸之路”网站非法交易案件起，许多国家利用数字货币洗钱等案件时有发生。因此，各国推动对数字货币监管政策，都将反洗钱、反非法交易当作重点。一些国家在没有出台对数字货币系统政策之前，都最大限度地利用现有法律，将反洗钱、反非法交易监管列入现行政策，中国便是这类政策执行的典型范例。尽管在适用法律上，包括美国、意大利等国都有一定的反复和争议，但在反洗钱、反非法交易监管上，并没有争议，只是又如何完善法律的问题。

第二个监管要点是如何防止风险的问题。这个问题比较复杂，泛泛而论的风险至少包括几个方面的内容，缺乏监管下的大面积投资风险、对金融结构形成冲击的风险、核心从业机构经营性风险及其扩散，以及利用数字货币模式进行有组织诈骗活动的风险等。包括中国在内的主要经济体对比特币等数字货币的风险警告主要集中在前两种风险上，中国的临时政策监管举措也针对前两种风险。更深层面上，中国官方担忧的由数字货币市场风险引发的社会风险，因此，中国的“国五条”和 2014 年上半年的政策落实过程，直接防堵数字货币与现有金融体系之间的业务关联，防止风险向银行、支付机构的扩散和蔓延。

从事情的实质层面上看，数字货币对现有金融体系的“威胁”和冲击影响到底有多大，这本身是存在争议的问题，尽管比特币和部分数字货币品种风生水起，但其规模毕竟有限，似乎它能对规模庞大、运转成熟的现有金融体系构成实质性“威胁”，有些言过其实。数字货币无论其业务规模，还是由杠杆机制撬动的金融性资产扩张，只要被限制在其特定的领域，其对整个金融体系的影响确实有限，在受限制的支付通道配置的系统中，它与实体化经济和实体性资产之间的关联性很弱，外部于金融体系，一旦支付通道和业务关联不受限制，数字货币的影响将会渗入现有银行等金融机构的常态业务，它的影响也就会变得内在化，其风险的传递和扩散将会大大增强。因此，官方杜绝数字货币与金融机构的业务通道，是有针对性的，目前来看也是有效的。事情的另一方面是，这种短期监管的有效性并非是必然的，从某种程度上看，这种有效性是由数字货币目前的业务结构决定的，而不是监管举措本身的功能有效，只是监管举措具有了针对性。从通常意义上看，包括比特币在内的数字货币的运行态势，仍然是投机套利型为主，依赖于法币支撑，自然它与银行和支付机构之间的业务关联性就变得十分重要，换一句话讲，目前态势下数字货币对主流经济系统的渗透，必须通过银行等金融机构实现。但当数字货币的营运脱离投机性，在开始端上建构于实体经济的运行，情况就会是另一番景象了。

无论如何，各国政府和央行重视并采取措施防止洗钱、非法交易、大面积投资风险以及波及现有金融体系风险，这多少已经成为事实。但 MtGox 倒闭事件警示人们，数字货币核心营运企业的经营性风险仍然不是可以轻易忽视的风险环节。目前数字货币现实中的核心营运企业大概有两类：一是交易平台服务提供商，即交易所。MtGox 事件之后，全球范围内的大型交易所几乎全在中国，不仅因为其客户众多、服务内容和服务产品种类众多、交易规模巨大，还因为其互相竞争激烈，生存环境并不十分乐观。美国的监管立法和中国的监管举措实际上都将交易所风险置于重要地位，尽管手段运用和切入视角都有所不同，但相对于其他国家的无所动作相比，中国和美国显然在对此问题上有很高的认识切合度。二是比特币挖矿产业。对单体矿业实体的比特币产出、矿池服务提供商的服务收入这块，监管几乎空白，客观上存在监管角度上的漏洞。但由于比特币产出总量和节奏是固定的，任何人要在此领域制造很大的漏洞也是不可能的。

至于利用数字货币进行非法活动，原本主要是指利用数字货币匿名性等特点，从事违禁物品交易、洗钱、走私等行为，但目前来看，利用数字货币概念、借助数字货币之壳从事各类违法经营活动，甚至是诈骗活动的，已不在少数。涉及此类活动的复杂度不亚于其他传统领域，主要困扰是各国对既有行为的既有的法律定性不一致。但由于数字货币的跨国界形式，这类活动造成的风险难以低估。至少在中国，借助数字货币概念的非法或边缘于法律界限的活动主要有传销和集资类活动。传销类活动不都是仅仅在中国进行或由中国人主导，所以数字货币传销的负面影响往往是跨国的，风险控制有很大难度；而集资类活动并不都是非法的，但和所有流行于社会的各种集资活动一样，很多活动经不起法律的仔细推敲，更不用说其中蕴含的风险了。

和比特币跨境钱包偷盗行为一样，对犯罪活动的追诉受到各国法律界定差异的明显限制，有些活动在一些国家并不违法，只是当一些案例造成严重后果时，问题才会暴露。但显而易见，用伪造数据、虚置项目等方式从事的活动一定不合法。即便如此，至少在中国，对此类活动的监管和法律干预仍然很少。这不仅危及一般意义上经济活动的秩序，实际上此类活动严重损害正常的数字货币的经营活动的声誉，尤其是对至今仍懵懂于数字货币理念的普通人来说，各种丑闻对数字货币信誉的损害已经很深。如果对数字货币的监管和法律规制是从打击犯罪活动的各国协作开始，对数字货币来说可能才是真正的灾难，因为这说明利用数字货币犯罪必已到了各国都难以忍受的程度。

（二）数字货币账务会计处置问题

与监管问题相关的是数字货币涉及的财税问题，这不仅因为美国、澳大利亚等国已率先立法制定了对数字货币从业者的征税界定，直接涉及了监管环节，使之成为关注点，更重要的是，财税界定涉及数字货币相关产业的系统定位和未来的发展方向。至少到目前为止，包括中国在内的大部分国家，在此领域仍是空白。

首先是数字货币业务的财务会计处置问题，我们对中国境内数字货币账务会计问题有以下几个相关认识：

1. 数字货币投资性交易的主要账务处理

交易性金融资产主要是指企业为了近期内出售而持有的金融资产，例如企业以赚取差价为目的从二级市场购入的股票、债券、基金等。企业应设置“交易性金融资产”科目，本科目核算企业持有的以公允价值计量且其变动计入当期损益的金融资产，包括为交易目的所持有的债券投资、股票投资、基金投资、权证投资和直接指定为以公允价值计量且其变动直接计入当期损益的其他金融资产。

本科目应当按照交易性金融资产的类别和品种，分别“成本”和“公允价值变动”进行明细核算，“公允价值变动损益”科目核算企业交易性金融资产等公允价值变动而形成的应计入当期损益的利得或损失。

以赚取差价为目的从交易市场购入的数字货币，在财务管理和会计处理方式上参照上述准则执行。

(1) 取得数字货币时的账务处理。应当按照数字货币取得时的公允价值作为其初始确认金额。取得数字货币时所发生的相关交易费用应当在发生时计入投资收益。

具体会计处理为：借记“交易性金融资产——成本”、“投资收益”，贷记“银行存款”或“现金”科目。

(2) 数字货币持有期间的账务处理。数字货币持有期间大于一个会计报表期间的，企业需要及时确认由于数字货币市场公允价值变动带来的损益。

在资产负债表上，如果数字货币的公允价值大于账面余额，借记“交易性金融资产——公允价值变动”，贷记“公允价值变动损益”；如果公允价值小于账面余额，则做相反的会计分录。

(3) 出售数字货币时的账务处理。在出售数字货币时，应当将公允价值与其初始入账金额之间的差额确认为投资收益。借记“银行存款”，贷记“交易性金融资产——成本”、“交易性金融资产——公允价值变动”、“投资收益”；同时按初始成本与账面余额之间的差额确认投资收益/损失，借记或贷记“公允价值变动损益”，贷记或借记“投资收益”。

2. 数字货币易货业务的主要账务处理

根据《企业会计准则第7号——非货币性资产交换》的规定，非货币性资产交换，是指交易双方主要以存货、固定资产、无形资产和长期股权投资等非货币性资产进行的交换。该交换不涉及或只涉及少量的货币性资产(即补价)。货币性资产，是指企业持有的货币资金和将以固定或可确定的金额收取的资产，包括现金、银行存款、应收账款和应收票据以及准备持有到期的债券投资等。非货币性资产，是指货币性资产以外的资产。

非货币性资产交换同时满足下列条件的，应当以公允价值和应支付的相关税费作为换入资产的成本，公允价值与换出资产账面价值的差额计入当期损益：

一是该项交换具有商业实质。

二是换入资产或换出资产的公允价值能够可靠地计量。

会计从业人员在判定某笔非货币性资产交换是否具有商业实质，应考量以下几个方面的问题：

一是换入资产的未来现金流量在风险、时间和金额方面与换出资产应显著不同。

二是换入资产与换出资产的预计未来现金流量现值不同，且其差额与换入资产和换出资产的公允价值相比是重大的。

三是应关注交易各方之间是否存在关联方关系。关联方关系的存在可能导致发生的非货币性资产交换不具有商业实质。

根据数字货币的商品属性判定，其作为等价物交换其他商品或服务的交易业务，在会计处理上可按非货币性资产交换准则来处理。涉及的问题包括换出资产的收益确认与换入资产的价值确认两个方面：具有商业实质的交换；确认收入实现。

(三) 数字货币交易与税务管理

数字货币交易这种无形的交易方式对纳税主体、纳税客体、课税凭证、纳税环节、纳税空间地理位置，甚至税种核定等税收征管问题提出了新的挑战。对数字货币交易行为是否纳入税收监管范畴，在国际范围内形成了两种主要观点：一是以美国为代表的免税。虽然第一阶段的免税政策在到期之时经过了激烈的辩论，但结果仍然是继续贯彻执行之；二是以澳大利亚为代表的比特币税收准则，认为比特币的交易更像是以物易物，而非货币交易，因而其应算是一种资产，适用资本利得税。在具体税收执行层面上，准则文件在个人使用比特币、企业使用比特币、资本利得、使用比特币支付工资和挖掘（生产）比特币等环节的适税情形进行了列举和工作指引。尽管澳大利亚税收准则的执行引起了比特币界的争议，一些比特币创业企业甚至因此难以为继，但这份文件利用了现有税法规定，将比特币业务和应用的各个环节并入了现有税务体系，在不突破有关货币体制和金融管理的更基础层面的法律规定的条件下，实现了比特币产业的完全合规化。

虽然国际主流观点是免税，但是关于国际范围内税收协调和税收利益分配的讨论从未间断过。笔者认为，税法的国际协调与合作离不开国内立法的完善。如果国内没有完善的相关立法，就谈不上与国际层面的协调问题。目前国内关于虚拟货币方面财税立法还属于真空状态，但从 2013 年 12 月份“国五条”的内容来看，已从官方的角度确立了数字货币的商品属性，从侧面承认了虚拟货币交易应适用国内现有税收征管体系。

1. 数字货币交易对税收原则的影响

中国至今的网民规模达 6.68 亿，互联网普及率为 48.8%，随着网民规模的持续增长，互联网对企业和个人的影响将进一步深化。从基于信息获取和沟通娱乐需求的个性化应用，发展到与医疗、教育、交通等公用服务深度融合的民生服务。

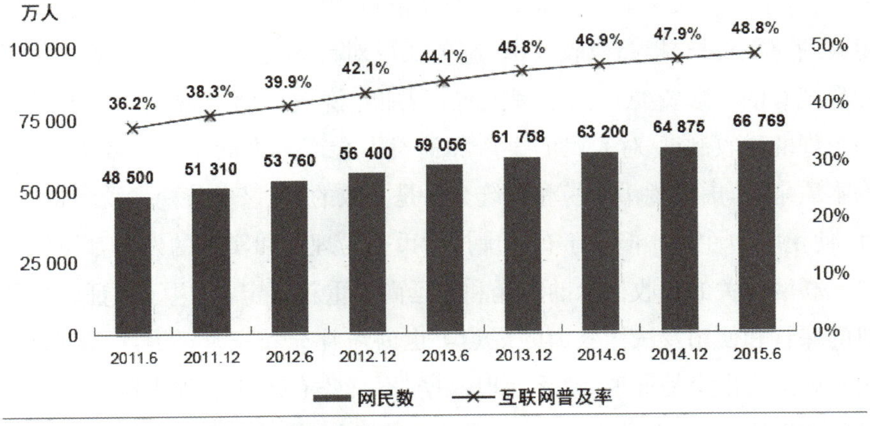

资料来源：CNNIC 中国互联网络发展状况统计调查。　2015.6

中国网民规模和互联网普及率

应　用	2015年6月		2014年12月		
	用户规模（万）	网民使用率	用户规模（万）	网民使用率	半年增长率
网络游戏	38 021	56.9%	36 585	56.4%	3.9%
网络购物	37 391	56.0%	36 142	55.7%	3.5%
网上支付	35 886	53.7%	30 431	46.9%	17.9%
网上银行	30 696	46.0%	28 214	43.5%	8.8%
旅行预订	22 903	34.3%	22 173	34.2%	3.3%
团　购	17 639	26.4%	17 267	26.6%	2.2%
网上炒股或炒基金	5 628	8.4%	3 819	5.9%	47.4%
互联网理财	7 849	11.8%	7 849	12.1%	0.0%

数据来源：CNNIC，中国互联网络发展状况统计调查，2015.6。

2014.12—2015.6 中国网民对购物及支付类网络应用的使用率

与此同时，随着“互联网＋”行动计划的出台，互联网将带动传统产业的变革和创新。未来，在云计算、物联网及大数据等应用的带动下，互联网将加速农业、现代制造业和生产服务业转型升级，形成以互联网为基础设施和实现工具的经济发展新形态。

（1）对税收中性原则的影响。税收中性原则（亚当·斯密《国民财富的性质和原因研究》）的基本含义是国家征税时，除了使人民因纳税而负担以外，最好不要使人民承受其他额外的经济负担和损失。这一原则是为减少税收的超额负担，提高税收效率，避免征税对市场经济正常运行的干扰，使社会现有的有限资源得到合理配置，增加经济效益而应遵循的重要准则。一个好的税收制度 对人民的生产和消费不会产生大的影响。如果从交易的本质来看，虚拟货币交易和传统交易是一致的，应该保持两者税负的一致性，使税收中性化。但由于有关虚拟货币交易理论和实践的发展都不完备，与互联网相关的税收概念的内涵和外延尚需重新界定，且电子凭证、电子账册的保管和使用及法律效力的规定等也尚需补充和完善。因此，按现行税制对虚拟货币交易征税，缺乏合理依据，不具备有效的征管手段，从而影响税收中性原则，产生税负不公，导致经济的扭曲。

（2）对税收效率原则的影响。税收效率原则是指税收活动要有利于经济效率的提高，要求以最小的费用获得最大的税收收入，并利用税收的经济调控作用最大限度地促进经济的发展，或者最大限度地减轻对经济发展的妨碍。税收在将社会资源从纳税人手中转移到政府部门过程中，可能会在资源配置和经济机制运行这两方面给社会带来超额负担。虚拟货币交易对税收效率原则的影响主要体现为增加税收管理的成本。由于许多无经验的纳税人加入到交易中来，使原来可以从相对较少人手中取得的大额税款变成了向广大消费者各自征税的小额税收的状况，加大了税务机关的工作量，并促使税务机关投入新的设备，使税务机关的设备成本和税收成本增加。与此同时，如果税制有失公平，对各经济主体的课税没有达到中性原则的要求，则交易某一方在不公平或非中性超出其能承受的程度时，将寻求逃税或避税以减少自身的纳税负担。

2. 数字货币交易税收征管难题

(1) 纳税主体的身份判定问题。在传统的交易活动中，税务机关可以以实际的物理存在为基础，正确地判定其管辖范围内的纳税人及交易活动，然而虚拟交易市场不是一个实体的市场，交易双方以匿名形式从事交易。因此，在当前仍缺乏相应技术手段的情况下，以传统的属地或属人管理原则为基础建立的税收征管机制显然不能满足征税对象身份确定的要求，也难以对交易双方进行有效监管。

(2) 纳税客体的性质认定。虚拟货币交易中所提供的商品不是由传统的有形财产提供的，而是以数字形式提供，这就使得虚拟商品赊销和服务的界限变得模糊。对这种以数字形式提供的数据和信息应视为提供服务所得还是销售商品所得，目前税法还没有明确的规定。数字产品具有信息流的虚拟性和产品形态的特殊性，这就使其在交易过程的可追溯性与税务稽查上有效实现的难度都大大增加。

(3) 课税凭证的无纸化问题——京东电子发票。传统的税收征管和稽查是建立在有形的凭证、账册和各种报表的基础之上的，通过对其有效性、真实性和合法性的审核，达到管理和稽查的目的。而虚拟货币交易是在独特的网上交易环境下进行的，职业玩家之间采用的均是无纸化的私人交易方式，例如在不少游戏论坛和门户网中，大多数玩家都是私下通过 QQ 等联系，买卖双方的合同和作为销售凭证的各种票据都以电子数据形式存在，因此很难向税务局提供虚拟货币的交易记录。

(4) 逃税、避税问题。在虚拟货币交易这个独特的市场上,由于订购、支付甚至数字化产品的交付都可通过网上进行,使得无纸化的程度越来越高,订单、买卖双方的合同、作为销售凭证的各种票据都以电子形式存在;并且,以虚拟货币交易为代表的互联网贸易的发展极大地刺激了支付系统的完善,联机银行与数字现金的出现加大了税务机关通过银行的支付交易进行监管的难度;还有,随着计算机加密技术的成熟,纳税人可以使用加密、授权等多种保护方式掩藏交易信息。因此,如何对虚拟货币交易进行监管以确保税收收入及时、足额地入库是网上征税的又一大难题。

综上四点所述,若直接将现实征税环境中的机制运用到虚拟交易中去,可能会出现税收运作上的混乱。

总之,中国对数字货币产业的税务规制问题尚没有提上议事日程,"国五条"的联署机构中就没有税务工商机构,从产业具体层面上看,税务规制是中国数字货币产业现实中最大的悬而未决的问题,至少在对数字货币产业的投资和企业战略规划上缺失税务规制因素,客观上形成了对数字货币产业的抑制。

三、POW和POS的争论

在数字货币界,比特币基础架构中实行POW,即工作量证明机制,是比特币的核心内容之一,也是比特币之所以能具有新型的去中心化货币属性的基本支撑。它通过公平公开的算力提供确认承载比特币的区块链的产生和分配,使得比特币产生的数量、节奏及其分配达成由技术协议的固化,成为无法人为改变的不可逆性,进而实现比特币供给的自信用机制。POW因此也被数字货币界认定为基础信条之一。

POW的核心内涵是实现数字货币的自信用,也就是要在基础协议层面设定它自己的信用来源,解除任何人在此环节上的自由裁量权,就这点来说,POW成功地做到了这一点。但POW在实践中遇到了困扰,并引起了很大争议。

首先,目前比特币业态中的"矿业"环节已经严重畸形化,至2014年年底,比特币全网算力短期峰值突破330P,较同年初翻了数百倍,2015年年中已超过400P，由于POW设置单位时间的比特币产出量是既定的，不会受到算力设备大小的影响，这就意味着单位算力的效率同比下降数百倍，矿工为在总算力中占据并保持一定的算力比例，就必须更新设备、提升效率，进而造成整个比特币“矿业”的大规模军备竞赛，整个“矿业”的“准入”门槛急剧提高，造成大批中小“矿工”退出挖矿行列，从而造成算力的高度集中，大型矿场掌握了高比例新出比特币。比特币初衷倡导的算力民主概念，曾经是数字货币POW机制吸引人群的价值观高端之一，却最终变成“寡头”形态，这也成为数字货币发展至今令人尴尬的局面，因为这其中完全自发和基于市场的逻辑。其中回味之处很多。

其次，POW机制挖矿耗费巨大能源成本，按照2015年中期已提升效率的挖矿设备能耗水平估算，400P的全网算力一天大约需要耗费8 800万度电力，相当于年耗1 000多万吨标煤，几乎达到中国一年能耗的差不多0.5%。这还没有计算数字货币其他币种的挖矿能耗。虽说这是全球数据，却也到了十分惊人的程度，如此能耗自然饱受诟病，甚至比特币矿业被指责为最不环保的产业。几乎没有人能在两三年前预测到比特币的挖矿能达到如此巨大的能耗规模，某种程度上，数字货币带来这种副产品，这种规模发展的“失控”已达到不可持续的水平。

再次，POW机制只是简单提供了“货币”供给的自信用问题，针对的是货币信用中最表面上的问题，即如何约束货币发行者在货币发行中的私欲问题，但没有解决货币发行供给中其他重要问题，比如如何使货币供给与货币需求平衡。到目前为止，尽管包括戴尔、微软等不少知名商户声称接受比特币支付的交易，甚至亚马逊、Overstork等零售商户接受比特币支付后还明显调整了其经营策略，但整体上用比特币支付交易的行为和数量规模，即便与比特币存量相比，也几乎微不足道，比特币计价的金融性产品则疑问甚多，比较可靠的金融形式目标，多为与比特币矿业相关。如此，比特币及其他数字货币远没有形成对实体经济的渗透能力，更谈不上规模，实际上就是对比特币作为一种货币的需求很少。这样的格局反映到市场上就是比特币价格持续向下的压力，比特币的持有者除了部分相信比特币未来的增值潜力外，多以卖出比特币兑取法币为目的。这种“气质性”的价格跌势放到货币层面上便是通货膨胀。这与两三年前一些知名学者以天生通缩货币的定论看衰比特币形成鲜明反差,很多人因此把比特币的持续价格下跌归咎于POW死板和不经济的机制。

针对POW的这些问题,数字货币界出现了所谓POS机制的主张,并一度与POW形成讨论的焦点话题。那么什么是POS?严格意义上讲,POS不是与POW完全不相容的两种机制,它只是POW的某种改善或者升级,早期POS机制(Proof of Stake,称之为股权证明)在点点币(peercoin)中实现,除了技术展示形式方面有些新意之外,最主要的POS系统的创新是所谓区块链固定奖励制,简单地讲就是系统设置所有者持币时间达到一定程度时,会获得一定数量的币奖励,当然这也是预设框架下的自动给定,符合公平、透明的原则;另外就是鼓励更大的持币规模,持币数量越大,边际收益越多。换一角度看,POS机制用数字货币的理念设置了对交易的利益限制,本质上它不鼓励进行交易,也就是说,POS更强调"货币"的储存,鼓励退出流通,减少兑换市场上的沽盘,而沽盘减少会提升它的增值预期,进而又会继续增加储存量,形成市场的良性循环。

显然POS在比特币市场价格下跌走势、交易市场投机性极强的情况下,有针对性地改善了数字货币基础规则的设置,它没有改变比特币架构中的区块链基本原则,只是将区块链的意义增加些许新的内容,在区块链结构中这是被允许的。但这一改变在实践中的具体意义却并不简单。

比特币是被当作一种新型货币来发明的,尽管货币有基本的储值属性,但货币显性功能在于交易支付媒介的属性,进而它具备衡量价值的功能,一般来讲,传统理论认定货币的价值属性,而后确认其储值功能,同时也确认其交易媒介功能,而不是相反;在现在的经济系统中,货币在充分交易中体现其自身价值。POS不鼓励交易的宗旨,本身是反规律的,既与货币属性的定位初衷相悖,也无法在增值或贬值的价值关系上自圆其说,因为在其价值形成机制中有干扰,这个干扰并非指储存获利与现实交易之间的边际成本计算,而是在边际成本计算中掺入了未来预期的非交易关联。更确切地说,POS机制实际上改变了比特币的货币定位,而更接近于作为一种虚拟资产的自我定位,却与比特币的货币与资产定位之争相符。

POS机制的出现是数字货币发展过程中第一次真正的路径"分叉",它将数字货币资产化设置的观念和方法第一次展示出来,也第一次显示了区块链架构多种用途的可能性，从某种意义上看，正是 POS 机制把区块链技术及其方法从数字货币架构中分离了出去，这才有了后来区块链技术被单独“提炼”出来成为热点。

四、数字货币金融与互联网金融

与目前如火如荼的互联网金融相比，以比特币为主打标的的数字货币金融，更以自发性、竞争性和无监管的特点成为数字货币圈内的热点。自然数字货币本身依赖于互联网，也就具有了互联网金融的技术特征，但它又相对游离于主流互联网金融流转和运行系统，因此也不能简单地认为数字货币金融就是现在的互联网金融的一部分。这样的判断并不意味着数字货币金融就一定比主流互联网金融更不规范或有更多问题、更多的风险，同样也不意味着数字货币金融较一般互联网金融具有更多的创新。

目前，比特币圈内的金融产品有着多样化的尝试，几乎涵盖了互联网金融最火几种新兴产品形态，包括理财、众筹、P2P 等形式。比特币交易平台推出了现货、期货，BTC－Q 期货交易还推出了虚拟上证指数合约，最近 796 交易所和火币网还推出了股票配资业务。前一段时期币圈市场上有一定知名度的“比特币绞杀机”还推出了至尊通宝期货杠杆基金，中国国外 GBTC 的上市备受关注。归纳起来，这些内容大致如下：

一是理财。理财分为理财产品和理财平台。理财产品有余币宝、币生币、龙矿理财、搬砖套利理财等，比特币中国与爱财客、火币网与玖信贷也推出过用比特币理财的项目，推出理财平台众多，如比特币存钱罐好比特币、币付宝等。

二是众筹。众筹分为众筹活动和众筹平台。众筹平台有的是利用区块链技术做权益证明，有的是用数字货币做众筹。2014 年和 2015 年初期有众多虚拟货币众筹活动，包括以太坊、Bitsharesplay、Alcheminer、魔磁、币科技等。众筹平台方面，较有名的包括元宝网、SWARM、Lighthouse 等。值得关注的是 weangel(微天使)和 DACX(人人天使)等平台，其应用比特币技术提供众筹平台服务具有一定的创新意义。

三是借贷。借贷基本上都是杠杆借贷，比特币中国、火币网、OKCoin、元宝网这些交易平台基本上都有借贷项目，除此之外，还有 BTCjam(国外)、八荣、聚币贷、当铺网(火币旗下)等专门的比特币借贷平台。这其中既有直接以比特币进行债权计量和结算的,也有用比特币作为抵押物的法币借贷的。

四是期货。杠杆最高为Bcoin的100倍杠杆,BTC-Q最先推出50倍杠杆,796推出50倍杠杆引起的反响最大。

五是新上市比特币信托基金。比特币投资信托(Bitcoin Investment Trust,BIT)在美国场外交易集团(OTC Market Group)的电子平台上市成为全球首只公开交易比特币基金,基金代码GBTC。[①]

六是纳斯达克为纽约创业公司Noble Markets提供核心技术,帮助后者发展比特币及其他数字货币资产的交易市场。[②]

七是ItBit获2 500万美元A轮融资,成为第一家获得信托公司章程的比特币交易所。[③]

八是2014年9月19日,澳大利亚Coinjar推出比特币借记卡。[④]

九是股票配资。股票配资也是杠杆借贷的一种形式,目前主要有796和火币网两家,这也是数字货币界少数几项向界外领域伸展的项目之一,其影响相对较大。

十是其他项目。以比特币矿业为项目内容的各种以比特币计价的理财产品,一度较为流行,但这是比特币金融性产品问题和丑闻爆出最多的领域。一些知名的比特币企业也卷入其中。

根据对现有的数字货币金融的观察和相关数据的分析,我们大致可以判断数字货币金融有以下几个特点:

第一,数字货币金融的主流形式和业务产品结构与一般互联网金融有较明显的同构化特征。互联网理财、众筹、P2P等形式,在数字货币金融当中基本可见,只是业务结构比重有所差异,其中一般互联网金融涉及规模大、问题最多的P2P业务,在数字货币金融中并不占据主要地位。

---

① 参见"华尔街见闻"网站:http://wallstreetcn. com/node/216115? _eva_refresh_dispatch_cache=1&preview=1(2015-4-2)。

② 参见"新浪财经":http://finance. sina. com. cn/money/forex/20150324/132321794749. shtml。

③ http://tech. 163. com/15/0508/10/AP38NGT200094ODU. html.

④ 参见中国商务部网站:http://www. mofcom. gov. cn/article/i/jyjl/l/201409/20140900737210. shtml。

第二，相对于互联网金融没有特别的行业针对性，数字货币金融内容大部分与数字货币本身的项目相关，其中矿业、数字货币技术、市场交易三个板块占据了绝大部分。这一方面反映了数字货币产业与主流经济系统的相对隔绝现状，同时也显示了数字货币界通过金融手段对自身产业链的强化尝试，从实际情况看，这种尝试收到了明显的效果。受到金融杠杆支持的相关产业，不同程度地在规模和产业深度上取得了进展。

第三，与一般互联网金融不同，数字货币金融的项目有着明显的针对性和发展基础，大部分数字货币金融涉及的项目多出于其产业本身的自然延伸和发展，也就是说，产业链上的项目存量得到的数字货币金融最多支持。这其中包括了比特币矿业中的联合挖矿的理财产品、期货市场上的集合资金、一些延伸项目的众筹等，虽然真正创新型亮点不多，但也正好说明数字货币金融的向外的扩展性和渗透力不足。因此，其也不具备明显的风险放大效应和对外的风险传递效力。

实际上数字货币金融存在的问题，很多方面与互联网金融的问题相似，其最主要的是监管和风险控制问题。只是人们在谈论互联网金融时，更注重互联网金融给现有以银行为核心的金融体制带来的冲击和影响，对数字货币金融，我们可更多地直面其问题本身。

目前对互联网金融的监管都是很弱的，自然边缘化的数字货币的金融，就更缺乏监管了。那么首要的相关问题是，中国政府陆续出台的互联网金融的监管政策是否适用于数字货币金融？按照现有中国对数字货币的基本政策态度，其使数字货币产业边缘化、软控制的立场，并根据已有付诸实施的政策定位，政策面对数字货币金融很难直接将其归类于互联网金融，一旦以互联网金融的监管政策应用于数字货币金融，几乎等于承认对从业企业、数字货币定性等悬而未决的事项的政策“背书”，这是目前官方并不愿意做的事情；但如果互联网金融监管政策覆盖不了数字货币金融，或者刻意模糊化，那么数字货币界基本上会继续处在无监管的状态，一些固有的风险仍然会存在，并继续留下数字货币企业及数字货币金融自我治理、自我创新的空间。这也不意味着数字货币界的金融形式及其发展处在绝对的“自生自灭”态势。就中国的官方治理的习惯做法来说，数字货币界的许多环节节点都向政府的临时政策性介入留下敞点。这些敞点既包括原有的支付结算方法,也包括存在于部分“币种”项目的疑似传销、众筹及P2P当中的违规点、股票配资、交易所风险控制等。实际上的难点是先前中国官方对比特币的所谓“特殊商品”的定位,大部分数字货币金融不直接采用法币形式,这给政策执行的基础定位增加了难度。在上述财税问题还未能决定的情况下,对金融性业务的监管实施也会存在类似的问题。

其次是数字货币本身存在的问题。目前数字货币金融林林总总,且不论其风险、规模及影响力和效果等问题,单就这些金融产品很少有利用数字货币独特优势铺展的创新成果,也很少有利用数字货币本身的市场结构和价值杠杆取得某种商业模式的创新成果。也就是说,既然使用的是数字货币框架的金融形式,数字货币究竟为这些金融形式带来了什么?这依然是一个悬念,本质上这是牵涉面甚广的复杂的综合性问题。就技术应用层面来说,国内外都不同程度地已经显示出一些突破的迹象和成果,区块链技术及其理念在被使用到众筹、众筹监管、股权托管及股权交易领域、跨境支付服务领域等,一些研发成果正在获得广泛的关注。或许更应该注重的是,数字货币金融的目的本身与互联网金融一样,是通过网络媒介实现的融资扩展,除了国家明确有特许和政策法律规定的准入门槛标准之外,灵活多样的金融形式具备了极强的渗透力,这也是互联网金融的优势所在。表面上看数字货币金融乃至整个互联网金融存在的风险控制和监管问题是金融形式本身的固有问题,似乎只要做好了这点就万事大吉了,实则不然,尤其是对数字货币金融来讲,其对接的实体性商业项目的性质及模式可能是更关键的要素。我们知道,在数字货币产业链现有结构中,许多商业项目本身是蕴含内在性风险的,包括期货市场、产品周期极短的矿业设备等,如果加上模式本身的风险,则整个行业的风险度是高居不下的,在这种情况下,涉及监管的技术标准和行业标准,用一般项目的经验恐很难收到良好的效果。另一方面,由于数字货币本身的存在形式和已经具有的一定的价值杠杆作用,其在商业模式上的运用潜力和创新空间很大,一旦这种潜力被挖掘,数字货币的自身优势和现有经济形式的基础优势结合起来,至少在理论上其能够获得进入实体经济的模式通道,数字货币可以在现有法律政策规制下,在根本上控制风险的漂移式传递,同时也可使得数字货币在更广泛的领域,而不仅仅是自身的圈子领域,获得更多更好的投资选择。

五、数字货币的匿名性问题

脱胎于密码学技术圈的比特币，运用了其技术优势，创造性地发明了在比特币区块链及其相互之间数据传输的加密方法，解决了其隐私安全问题。前文所述 2014 年竞争币故事当中，暗黑币更是将匿名性技术演绎至极致。自然，这在比特币的货币化架构中十分重要，也是基础层面上的要素满足。由其技术特性所致，比特币或其区块链的“生产者”、拥有者便可实现身份匿名。于是很多人不仅将比特币定性为加密货币，还将匿名性或匿名交易视作比特币的固有特性和优势所在。理论上，单一交易匿名性避开了目前通行的交易监管，实际上也躲开了对非法交易的监控。最终，这成为比特币社会存在的争议点和政府方面直接干预比特币交易的“正当”理由之一。

在此问题上的争议，实际上并不完全是由匿名性易使非法交易增加这点上，数字货币主流从业者更倾向于向现行政府监管要求妥协，使其客户管理标准符合法律和监管的要求，在这点上中国和美国的从业者基本一致。问题的实质是，在数字货币要建构的去中心化货币制度中，身份匿名是其新制度要素中必不可少的元素吗？如果说，制度效率以制度成本为标准，那么匿名性对制度成本的节约及提升制度效率能否形成正关联？

或许我们首先应该回答这样的问题，为什么旨在解决比特币存储和传输的安全性的加密方法，却被人吸引在身份隐匿这个无关紧要的环节上。这可能与现代政府倾向于利用不断升级的网络技术手段强化对身份表征的个人或组织的交易行为和其他行为的监管直接有关。与数十年前相比，全球化和互联网的发展，将个人和组织的相互关系日益扩大并渐趋紧密，且高度聚集在网络系统当中，网络及相关技术的发展使得原本难以实现的监管要求成为可能，在监管水平和监管要求不变的情况下，新技术的运用直接降低了监管成本。但随着需要监管的对象经济规模的扩大和内容的增加，新技术支持的交易关系的复杂度的提高，监管水平及要求也是提高的，政府倾向于加强监管和控制，以降低社会经济运行的不确定性，如此，在监管要求提高和监管技术手段进步导致监管成本对冲的情况下，政府对身份表征的个人和组织的监管诉求总是不断提高的。从公开的信息来看，无论是中国和美国,无关根本性的社会制度有多大差别,在这一点上,他们的政府是高度一致的。但问题的另一面,则完全是另一种认知,作为市场交易活动主体的个人和组织,强调法律框架下的自由性,市场交易的自由意志的选择,是交易公平的基础,自然不会忽视被监管下的交易可能带来的对自由选择的妨碍,也担忧在被监管名义下隐私和商业机密受到损害的可能性。因此,被监管端本能反对或排斥监管的强化和深入,身份监控是这一矛盾的焦点之一。

换一个角度看问题,除了法律界外,很少有人认真思考,在现代经济社会和互联网技术背景下,作为交易主体或者其他行为主体的身份概念,究竟发生了什么变化或者是否有了变化?仅仅从单一交易主体身份来说,技术上保证交易账户的唯一性及交易主体对账户拥有的唯一性,即可认定交易主体身份的成立。身份界定的内容和要求是根据交易性质和内容的不同而不同的。最简单的例子,客户在超市买一商品,用现金支付,商店只要确保把商品交到支付现金的特定客户的手上就行,没有任何必要也没有任何意愿查验客户复杂的身份信息;但如果客户不用现金支付,商场则要在接受其支付过程中确认其支付方式的有效性即可,这时客户已经在商场和支付服务机构留下了身份信息的"留存",如果用比特币支付,商场也接受比特币支付的话,那这一交易等同于现金交易,即便是用比特币支付的交易,如涉及物流过程中,就要涉及物流所要求的身份信息。如果客户购买的是医疗服务、房产(涉及不动产产权界定)、借贷、保险等必须经法律意义上的身份界定的话,就必须经过复杂信息支持的身份界定。这原本没有可讨论的,在一个交易主体的交易行为过程,不是单指某一个具体交易行为,身份是交易成立的前提,在现代社会中,身份界定不是一次性界定,是一系列交易行为中连续界定的信息留存。涉及数字货币刻意强调的匿名性和政府方面希望并推进的身份信息登记,不是交易和监管所内生的要求,在制度层面上,只能增加交易成本,对交易效率的提升起不到任何作用。

所以,数字货币的匿名性特点最终会被证伪,看似是由技术特性表征的,实质是人为附加的特点,除了意在违法的交易者,匿名性对交易本身几无意义;如果监管方也认识到这一点的话,这一问题会渐趋边缘化。

上述对有关问题的分析,只是基于数字货币表面化的、存在明显争议的几个问题的讨论，并没有也几乎不可能把数字货币所有争议问题一一展示，只是希望这种讨论能引出掩在其后的更深层次问题被揭示。好在本书第六章涉及了一些更白热化的焦点问题，比如数字货币的资产化趋势、交易所等问题，问题讨论的意图实际上是类似的。

第六章　可能的未来

2015年2月9日，“壹比特”上一篇翻译稿(作者JPM)这样描述：2014年对比特币而言是可怕的一年。它的价格超过1200美元，又跌到250美元以下。在全球第二大比特币交易所(指MtGox)受到一次大规模袭击之后，该交易所不得不停止运营。并且比特币企业家还受到了两起刑事诉讼，引起了公众的广泛关注。如果这是对比特币2014年的概括，则有些太过偏颇了，各种关于比特币的争议和事实依然不断冲击人们的思维和眼睛。

专家说比特币需要找到它的意义用途，否则将面临灭绝，因此一些评论员把2015年看作该货币不成则败的一年。但这仅仅是一部分人的看法。比特币仍然有许多风险资本，还有许多比特币初创企业，以及来自如纽约证券交易所等合法机构的支持，这些都表明比特币还会继续发展。

比特币的支持者说它比传统货币更快速、更安全，并且十分赞赏运用比特币汇款和存储机密文件的潜能。他们还说比特币将能引起银行体系的改革。

然而，一些与比特币相关的高调行动使比特币变得有些“恶贯满盈”。罗斯·乌布利希就因被指控运营在线市场“丝绸之路”而受审。查理·史瑞姆在2014年因为用他的BitInstant(比特币交易网站)帮助“丝绸之路”的客户非法转账而被判两年监禁。

以太坊的新动作将数字货币的理念、技术和实践推至前所未有的高度，人们可能将在一个“社区”、一个用区块链接起来的新的金融系统、一个在分布式网络上实现自我表征的数字资产体系。

有观点认为，比特币的扩展将取决于比特币社区的作用，这个社区不单单是指社交媒体平台形成的社交社区，而是指比特币圈的持续努力，包括技术和应用的持续创新。

在这个纷杂、饱受争议同时又充满对未来期待和憧憬的奇异领域，人们几乎无法用简单的思维和我们习以为常的逻辑，来对此作出很确定的简单评价，尤其是对数字货币的未来。当区块链技术和理念被凸显出来后，对区块链未来的潜力和应用前景，来自技术界的肯定和认知已经跨出了技术界的小圈子，相对而言，对产生出区块链技术，并最早承载区块链实践的数字货币来说，预期不是变得更肯定，反而是更加不确定起来。那么究竟如何展望数字货币未来的前景，不是基于技术的发展，也不是出于纷杂的现实，更不是出于简单的期望，而是基于深植于事实的内在逻辑。对数字货币在不久的将来可能发生的变化，我们尝试着作出不完全是假设和臆想的描述。

一、比特币逐渐边缘化

随着数字货币“二代币”概念的日益具体化，“二代币”的实践和其产生的影响的扩大，数字货币新的热点已在酝酿。更由于比特币设置上和其后的商业运行上作为数字货币的先天不足，将会逐渐地更进一步地显露出来，比特币在不久的未来或逐渐边缘化。

简单回顾，比特币在 2013 年真正在市场崛起并迅速扩大为全球范围内引人瞩目的新事物，成为现象级事件，首先是由于美国突然查处“丝绸之路”网站这个新闻事件，因其涉案金额巨大，似乎从反面印证利用比特币来洗钱、匿名支付等法币难以做到的事，它真能做成。不久之后，美国国会听证会公开听证比特币的合法性问题，当时的美联储主席伯南克公开书面证言，谨慎肯定比特币技术的未来。如此，比特币短期内受到强刺激，市场出现暴涨，这又大大吸引了社会各界的眼球。所有制造泡沫膨胀的因素，在这段时期的比特币市场全部具备。直至 2013 年 12 月中国官方出手打压比特币市场投机潮，比特币市场开启了漫长的去泡沫化过程。我们可能更注意到比特币从默默无闻到一夜爆红的某种必然性，却也忽视了其中的偶然因素，在这个变化过程当中，比特币的基础架构、技术应用，甚至是在被拥护者们左拥右戴的市场形式本身，没有再出现任何变化，而一连串眼花缭乱的改进方案和升级模式，则出现在全新的币种系统中。曾经有业界人士透露出这样的想法，即比特币的火爆市场表现和广泛的影响力使得意欲对其有改进的意愿,变得投鼠忌器。这在一个侧面反映了比特币在数字货币领域的某种尴尬境地。这就是说,虽然比特币开创了数字货币全新格局,并且在技术架构、技术理念上确立了区块链、分布式网络、工作量证明机制、数据加密传输等一系列最基础的创世成果,其江湖地位自不待言,但作为最早的数字货币,与后来的升级技术和实践经验的累积相比,它依然只是一个简单的早期币种,除了江湖地位外,比特币的实际利用价值有限,而所谓江湖地位也最终得依靠市场地位决定。

那么比特币今后还可能在什么样的领域获得应用价值呢?一些小币种搭建的局域性较强的商业圈,依靠自身商业特点维系一定的生存空间,自身币种声誉不高,商圈形成普适性不够,依据目前的态势看,由于比特币市场的开放度较高,也相对成熟,客户选择性较好,比特币在其中充当这些圈子与外界的结算中介的可能性较大,也是一个较好的选择。这样类似的作用角色,目前除了比特币外,没有更好的替代。但即便如此,比特币获得这种作为和地位的可能性仍然存在很大的不确定性。

首先,比特币始终存在价值信用背书问题的先天不足,至今没有任何与比特币挂钩的价值信用注入,很难说这是去中心化货币本身的先天不足,谁愿意这么做呢?谁这样做的利益依据和诉求又在哪里呢?许多商户表态愿意接受比特币支付,但他们无一例外地依据开放性市场的价格信号,而市场交易由于比特币价值信用的缺失,一直表现得极不稳定,这不可避免地成为人们诟病目标。

其次,随着以太坊等新型数字货币模型的产生,人们有可能通过市场行为为某种数字货币注入资产价值的信用背书,当市场上出现有按照传统市场逻辑,又在区块链系统下运行的数字货币时,比特币再要依据纯粹的江湖地位维系市场地位的可能性,将会变得很低。

实际上对数字货币来说,比特币的边缘化并非坏事,它将标志着新一代数字货币的真实崛起和数字货币的实质性发展。与其说对比特币边缘化作出预期,还不如说是对数字货币会获得发展作出确定的预期。

二、数字货币资产化

我们在第四章的分析中清楚地看到多个升级版数字货币系统都试图在

区块链上铺展一个多元的、不同内容的资产链，其实质意义是用区块链形式和区块链结构，即用不同于以往的市场方式，重现表征资产价值。它的核心形式仍然是一种数字货币，如果它被真实地填入了传统资产的价值，我们大致可以理解为：(1) 这种数字货币获得了其被填入的资产价值的价值背书，或者说价值挂钩；(2) 这种被价值背书的数字货币，在其货币功能不明确的情况下，它几乎等于是资产的数字证书，或者说是由区块链给予信用支持的数字资产。

区块链技术推广者一直在宣介区块链系统对各种资产的登记、证明、交易、传输等功效的去中心化支持，在这个意义上，我们可以说区块链技术系统具有对经济制度的建构意义，在现实经济制度体系中，这些功能无一例外地由中心化机构提供的服务来完成，包括政府机构、受到监管部门监管的交易所和银行等，社会依靠层级化的、肩负不同职能的机构来保证经济活动的秩序，所有的经济活动遵循这种秩序的同时，也缴付了税收和对其服务购买的支出，这些都构成了经济活动的制度成本；当区块链能够支持资产表征时，也意味着人们的经济活动能在不依赖这些中心化机构时一样正常进行，对整个社会来说就是制度成本的降低。这是人们可以对区块链制度建构的积极预期的依据。而这个变化过程的核心内容，就是区块链形式和它已在技术架构上呈现的技术能力，与它要渗透、要表征的现实资产，与它要比较、要证伪的传统制度架构之间，建立起实际的关联，只有这样，区块链才能在现实的资产交易和资产运行过程中展示其特殊的优势。这实际上就是数字货币资产化的原因，而从以太坊搭建新的网络架构开始，中国国内的太一和小蚁都已开始尝试这样的努力，技术上的条件和产业环境初步成形，不久的将来看到这样的实际运作，并非奢望。

这一进程的开启，实际上不仅是简单的数字货币的升级或者是所谓"二代币"的实践，它是现实资产的数字化和数字货币资产化两个进程发生在同一件事情当中，预料会伴随着许多眼花缭乱的新现象的产生，其影响难以估量。因为，一旦资产化进程开启，至少在中国这意味着金融和准金融的资产会首先进入这一领域，人们熟悉的众筹资产和其他股权类资产会借助于这一方式寻求新的发展路径。不仅如此，或许最具冲击力的是实体资产直接借助于区块链进入交易市场。如此，区块链技术将会直接展示出巨大优势。

自工业革命以来,随着技术和生产力的发展,人类最"伟大"的创新就是在计算机出现以前,就造就了迷幻迷人且复杂庞大的金融体系,即19世纪经济学家们所说的"虚拟经济",20世纪这个虚拟的金融系统借助计算机和互联网,发展成真正意义上的全球化金融系统。数字货币理念所指责和针对的问题,多与这个系统有关。非常有意思的是,区块链技术的第一个实践——比特币,恰以金融的创新自居,而众多区块链拥护者也以金融创新的实践方案为重点。

许多区块链文献和本书已认识到区块链技术在金融创新上的可能性和巨大潜力。那么我们在这里所指的"数字货币资产化",仅此而已吗?

> 一个货币体系设计得越复杂,实施体系破坏的机会就越大。因此,商品汇兑本位制比纯商品本质更容易遭受体系破坏。这是因为除了拥有和后者一样的容易受到破坏的要素之外,汇兑本位制体系还添加了额外的规制,可以被充分利用来实施体系破坏。——乔纳森·科什纳

以互联网金融和比特币世界最流行的股权众筹为分析切入点。当数字货币被注入众筹股权时,数字货币的价值会直接对应于目标公司的股权的价值,而公司股权的价值由公司的现有资产总和价值和股权凭借这些资产的增值预期来决定,股权资产是一个实体资产、无形资产和资产预期的复合集成资产。数字货币体现的股权资产,不直接体现作为股权资产基础的实体资产价值。也就是说,数字货币的资产表征仍然继承了现有法律框架下的传统金融资产的表征方式。

区块链在技术上已能够解决或至少改善有关股权资产监管的传统方式的漏洞和弊端,但只是提供了技术保障,还需要将消除了漏洞和弊端的制度诉求,变成技术代码来实现,这将会有一段实践过程,远不是一蹴而就的事情,某种程度上这种难度超越技术本身。股权资产通过区块链数字化实现,并不是理所当然的。股权形式的资产架构是人们没有互联网更没有区块链技术的时期成型的市场关系演变结果,在某种程度上,传统的或现有的金融体系的某些弊端就是来源于它的资产表征方式本身。就这个意义上看,区块链所要改变的和它能够改变的,当不会拘泥于对现有金融形式的块链表征。

我们在前述中已知中国的“太一”系统、小蚁系统，甚至是国外的以太坊，基本上将区块链运用于数字货币升级系统，将数字货币资产化直接呈现出来，但尽管本质上这些系统都是开放型系统，并不排斥对新资产化方式的接入，而目前我们看到和讨论的却基本上都是用区块链或者数字货币对几乎所有现有金融形式，甚至是互联网金融形式的再定义，从没有一样是源生于区块链的功能化的新金融形式。

如此，区块链技术推动的数字货币资产化将不可避免地面临对现有法律规范和现有制度的适应性诠释，淡化其制度建构意义。仍以上述众筹股权为例，虽然众筹作为互联网金融发展的一大形式，已经有很高的接受度，但随之而来的建基于传统股权融资监管体系和思路的众筹监管法规也很快随之而生。原因实际上很简单，那就是众筹并非是真正意义上的制度变革，其声称公平、高效、透明性等优点，也多名不副实。其功效至多将原监管的门槛打破了，而监管门槛的设置原本就并非主要由于监管成本的考虑。显然众筹股权资产被区块链呈现于其交易市场时，我们很快就会发现区块链体系只是改变了资产的发行和交易方式，仍然要面对和适应制度存量的直接限制，最可能的结果就是区块链系统适应监管要求而作出妥协。

无论如何，数字货币资产化将这些饱含低效、不公平等弊端的制度存量，轻而易举地介入实现监管规制的话，届时人们或许会反复想起尼克·萨博对银行“管理权限”注入区块链的批评，[①]区块链的意义也将大打折扣。

相对而言，如果当区块链实现的数字资产，越过传统金融形式，直接表征后者集成的组成部分，比如实物资产，会是怎样的结果。我们会发现，数字货币等于被一个有明确估值的资产给予了价值背书，这个给数字货币提供价值支持的实物资产在无形当中被分割成了许多份额，从而从根本上直接获得了超流动性和可兑换性，试想一下，当被注入的实物资产是房地产的时候，会是怎样一番情形？人们在不触动现有房地产监管制度的情况下，用100块钱甚至更少现金就可以买卖房地产。而被注入全新意义、被称为数字货币的东西，在现有金融形式和制度存量中，找不到任何可对应的现存模式，

① 尼克·萨博。参见本书第三章注释。

它既有货币属性，具有可依托的价值估值和预期，其灵活、高效的支付优势将充分得到发挥，同时它又有明确的资产属性，重要的是它将与现有经济体系建立完全的内生关系，从而实实在在地产生对制度存量的变革推动力。

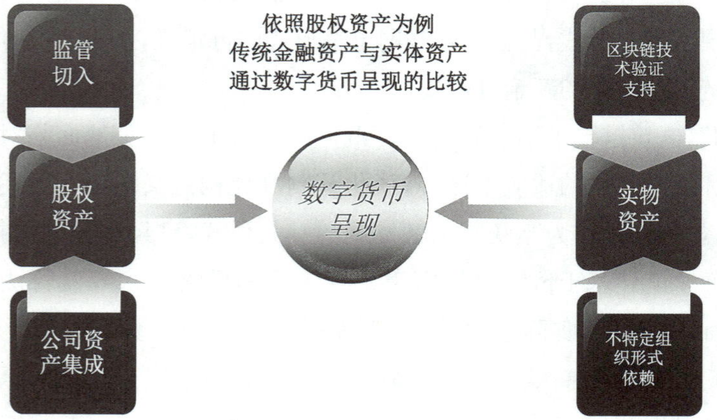

区块链的资产呈现比较

这里只是对股权资产一种形式作为分析例子，从区块链技术本身和金融资产的原理上来说，上述比较可适用于其他资产形式。与此相关，这其中有一重要关注点，也须作出相应的比较分析。区块链呈现股权资产时，获得了一个技术上的巨大便捷，那就是理论上区块链根据现有的对股权资产的定义，即可直接呈现股权资产的原貌结构和形式，因为股权资产本质上就是一种虚拟资产，于是，在其表征的数字货币与股权资产之间，不存在任何区块链的技术障碍，它把股权资产与公司资产，进而与实体资产集成之间的关联的监管，仍然托付于现有监管制度，这也是现有制度存量可以插入其中的原因；而上述实物资产直接呈现于数字货币的分析例子当中，由于越过了股权资产这种中间性资产形式，现有制度介入的空间被压缩，这就需要在最终呈现的资产形式及数字货币与实物资产之间建立起基于区块链技术和理念的关联通道。

简单地讲，如果说用传统资产形式呈现于区块链，并且要改善制度存量的弱点，需要在传统资产形式更基础的架构上，重建包括公司治理在内的制度体系。区块链远景显示这也是完全可能的，但这仍是繁难复杂的构想。实物资产呈现于区块链时，需要解决的问题则是如何保证实物资产的固化状态，即在区块链呈现某种实物资产时，在技术上保证这种资产不存在被转移、私下买卖、改变用途等漏洞状态。相对于前者，这个问题的解决要简单得多，在区块链技术被凸显以前，人们就提出了物联网的概念，并付诸实践，区块链技术提出后，人们在物联网的发展上又增加了更广阔的前景。

总之，在不久的将来，我们在已经提出的多个数字货币系统当中，可以确定数字货币资产化的变化预期，同时我们也由此判断这是一个真实的传统资产的区块链数字化的过程。我们提出如果数字货币资产化的变化，直接将资产表征指向更传统的实体资产时，将会带来更多的意义深远的变化。

三、交易所升级转型

目前，数字货币领域，交易所仍然占据行业举足轻重的地位。不仅从业务规模、产业辐射面和单纯的影响力着眼，更是因为交易所仍然支撑着比特币及其他币种的市场体系的有效性，而开放完整的市场，是数字货币赖以存在的基础。

在经过比特币去泡沫化和期货业务发展后，一年多来，中国的数字货币交易所由 Okcoin、火币网、796、比特币中国、比特时代等少数几家占据主导地位。其中比特币中国由于坚持现货业务结构，被挤下龙头老大地位。竞争币多币种交易所中，由于比特儿多次受到各种“事故”的干扰，行业地位下降，“比特时代”的地位上升，但又受到“云币网”和被比特币交易网收购的“聚币网”的竞争挑战。

国际上自 MtGox 倒闭后，没有新的大型交易所出现，目前只有 Bitstamp、BTC－E 等少数几家跨区域影响的交易所，好在各国多有主要以本国客户为主要服务对象的交易市场，总体上交易市场的格局没有发生太大的变化。也正因为如此，虽说比特币市场开放、自由，但受到各国官方密切关注的交易所，在市场两端事实上受到各国现有法规政策的制约，市场之间的关联度并不高，基本上各自为致。这为极少数有特殊渠道的人提供了利用市场之间价差进行套利的机会。

从交易所的交易服务内容看，各种交易所主要还是分成两类：一是专门从事比特币等少数几个主流品种交易服务的，二是所谓多品种交易所。第一类交易所又分成期货和现货交易服务两种。从国内交易所情况来看，业内倾向于发展期货交易服务，交易所之间的客户竞争和服务产品的竞争十分激烈，比特币中国等坚守现货业务的交易所客户流失较多，期货交易所之间则又在期货品种、杠杆倍率等关键点上竞争激烈。从国际上看，Okcoin和火币网等，因其开设的期货服务属离岸性质，也争取了一定的中国以外的客户，但总体上期货业务在中国以外地区并未受到明显的认可。

因此，总的看来，尽管各交易所表面上依然十分热闹，但目前交易所行业并不乐观。除了交易所，很少有人仔细分析交易所在数字货币领域的微妙作用和地位。我们曾经分析过，在新一代数字货币成型之前的一段时间，数字货币产业链从最底端的矿机研发、挖矿，软硬件开发、信息服务，到仍不成形的数字货币应用，交易所居于核心端，其业务辐射遍及所有业务端，同时它也链接起业界与传统经济体系之间的关联通道，自中国央行整肃比特币市场后，中国的交易所事实上是数字货币界最具合法性的业务机构，其行业地位不仅不可撼动，更具对数字货币业界的主导权。

除此之外，就交易所所直接从事的业务触角看，其业务布局已经多样化，公开的业务行为表明，一些交易所事实上通过为客户提供杠杆支持的方式提供了一定的金融产品服务，有的甚至凭借自身实力涉及了数字货币以外的金融服务的提供，因此，就数字货币领域来说，交易所，尤其是知名大交易所，具备了很强的综合能力，这种能力不仅体现在资金实力和对筹码的占用规模上，也体现在大交易所显现自我管理、自我约束的某种呈现，更体现在其拥有世界最大的数字货币客户群上。

但或许由于相互之间阶段性竞争关系过于激烈，对客户争夺过于表面化，也或许有着其他原因，交易所能力仅仅体现在其业务基础的维护上，仅在围绕比特币及其业务产品体系上展示能力。人们注意到，交易所机构并没有试图在支持数字货币产业拓展和业务纵深上，运用其能力给予支持的任何尝试，其所有业务行为都显示其致力于维护其现有业务地位，而不是通过拓展其能力范围和能力施展厚度，提升其在这个行业的作用。

2014年11月，比特币期货接连出现爆仓亏损的事件，在经过一番挣扎和博弈后，最终由交易所推出了不同程度的爆仓亏损客户分摊方案。[①] 这种

---

① 参见 http://www.cctime.com/html/2014-11-18/201411181728248218.htm。

爆仓亏损让投资客户分摊的做法，本身就有极大争议，基于交易所期货业务缺乏专业代理机制，交易所直面交易风险，在出现爆仓情况时，不得不直接面对巨额亏损的风险，让客户分摊风险，是其风险内控环节薄弱的大暴露，在根基上显示了其能力弱点，这几乎就意味着交易所持续主导数字货币产业期望和机会的破灭。

显然，就上述叙述而言，中国的交易所在业务规模、融资能力、资源占有等多个极为重要的能力要素上，在数字货币界处于巨无霸地位，有的交易所业务触及圈外主流金融服务，就从实力和影响力来说，交易所最具备数字货币领域承贷某种“最后贷款人”的责任角色，对交易所交易产品进行平面化扩展，主导数字货币投资市场走向，实现不同交易所之间由业务的部分差异形成差异化竞争，同时为数字货币前瞻性研发系统提供某种实践平台，牢牢掌握着数字货币发展的脉络。而事实上，我们看到的交易所发展走的完全是相反的路径，战略缺失或战略错位，实际上已经使得其丧失了很多战略性机遇。

目前，一方面国际主流银行开始筹划和实践区块链支付结算系统，另一方面在区块链理念热点下，多个升级版数字货币系统浮出水面，这些新的系统本身包含了强有力的多品种交易支持体系。从理论上看，不同版本的新系统秉承的相似理念，并不确定其未来商业主路径采取相似的办法，也就是说，当更多这样的新系统出现时，其中一些主打多品种交易业务是高概率事件，而比特币几乎肯定会成为其中一种结算工具。如此，现有交易所业务，包括客户资源，将会面临直接冲击。

据此，未来交易所业务的升级转型，或是必然的选择，只是接下来是如何升级和转型的问题。按照交易所现有业务结构，其业务前提是比特币依然长期保持其在数字货币领域的市场地位，当然对比特币现有的市场地位，交易所起到了很大的支撑作用，可以预期的是，交易所会继续对比特币给予强有力的支持。但最终比特币的地位在根本上将由其自身性质决定，特别是其在数字货币行业结构中的作用、规模和综合影响力，对其市场地位起关键作用。可以预期，比特币在今后一段时间内仍然会在数字货币市场的结算工具方面起一定的作用，随着新型数字货币的崛起，比特币的市场地位将不可避免地趋于下降。如此，交易所坚守现有业务结构或在不久的将来难以为继。

那么可以预期的交易所升级转型会走何种路径？实际可能的选择性并不很多，总体上看，除非交易所作为企业，彻底转型成完全不同类型的企业外，就交易市场平台来说，系统的技术升级，采纳区块链支撑的交易服务，支持灵活多品种数字资产产品的交易服务，可能是较为合理的升级转型路径。只有这样，交易所才会打开更多的产品提供空间，其客户资源优势将得以保持，行业影响力也会得到维持，甚至是提升。如果这种转型没有出现或转型不成功，交易所目前在数字货币领域的地位将可能大为削弱，甚至“堕落”成与丑闻频仍的金属交易所比肩的边缘化机构。

四、商圈应用

在区块链技术升级数字货币系统成为某种程度上的发展趋势的同时，我们仍然要看到，这种升级不能完全覆盖数字货币可能起到的商业功效，差异化仍然会存在。如果我们确认从比特币开始的区块链潮流，不是单纯的技术进步，甚至不仅仅对互联网基础架构改进，而是新的社会经济生活方式变革的开始，那么区块链带来的新元素，会不可避免地渗透到社会经济生活的方方面面。同样的道理，这些新元素的存在也会以不同的形式，在不同的层面和不同形式的组织中发挥差异化的作用。不能想象的是，数字货币和区块链都在某一领域，以某一相似的形式，发挥某一层面的作用。正如难以想象交易所内的交易产品长期仅有比特币的现货和期货，而没有比特币应用层面的资产化产品一样。开放性、多样性进而实现的渗透性是数字货币发展的健康特质，制度建构也会同时涉及基础架构和商业模式。

我们早已注意到，一些企业或个人借助于数字货币概念或借用数字货币名称，在商业领域作出过许多尝试，有些尝试游离于比特币圈外，有些则致力将数字货币概念内置于特定商业模式内。基于比特币概念的更趋于明晰，大量数字货币竞争币的存在，以及数字货币实践经验的逐渐积累，在新型“二代币”概念的数字货币系统逐渐发展起来的同时，数字货币的商圈化应用也将以多样化形式，逐渐得到发展。

在此需要认知的是，中国基于互联网的商业形态和商业产业，在及其粗放型的态势下所获得的规模发展，一方面给互联网经济提供了巨大的市场容量，另一方面这种发展也早已超越了传统经济模式和制度存量所能够提供的支撑，于是新的、同样是粗放的模式和制度建构被“建构者”粗暴地填入其中，只是规模红利还没有被这种粗暴导致的高额成本消耗对冲完毕时，这种粗放型发展依然有效。

从这个角度来看，由区块链承载的数字货币升级版本本身就是一个互联网精细化商业形态的呈现，在此形态下的数字货币多样性发展和呈现，也针对和适应后粗放型发展的要求。

因此，数字货币元素一旦在商业模式内核上产生实在的提高效率、降低运行成本等具体优势时，集约型精细化商业运行体系引入数字货币概念的商业案例，将会逐渐增多。而最有可能出现较多数字货币应用的概念领域就是网络商圈。

网络虚拟商圈的概念，来自实体商圈，从最早的确定性很强，并可以简单量化界定的地理概念，到现在以网络载体为主、概念不确定性较大，且难以量化界定的大商圈概念，其概念变化实际上正是体现了现代商业形式的变化。但无论如何，所谓商圈，总是有一个牵动商圈主体并有着明晰张力的主轴概念，这个主轴过去是地理，现在则演变成一个更广泛意义上的行为认同和利益交换。尽管虚拟商圈冠之以虚拟，但这个主轴概念却不是虚拟的。从这个意义上讲，数字货币本身就可以成为某种虚拟商圈的主轴概念，并进而实现数字货币的商业价值。

> 宋鸿兵编著的《货币战争》（中信出版社 2007 年版）第 258 页上有这样一段阐述：
>
> “（最终控制货币发行）的必须是财政部，而不是商业银行系统，原因很简单，财富创造于人民，任何私人不得垄断和染指货币发行。”
>
> 这种几乎近于荒唐和缺乏常识的论断，出现在有关货币问题的畅销书中，在数字货币时代对很多读者都可能产生误导和负面影响。
>
> 当财政部主导货币发行职能时，各国政府也多采用授权商业银行的方式进行，非常简单的常识是，财政部作为政府机构，手中缺乏调节货币供求的市场手段。从商业银行脱胎出来的中央银行制度普遍化后，货币发行就垄断于中央银行了，财政部的货币管理职能就被剥离了。也正是这种货币发行权的垄断，才导致了人们对其破坏市场机制、通过财富再分配破坏财富权益的批评。
>
> 私人货币概念随数字货币的兴起而再次受到关注，并不是因为私人货币参与了财富的分配，而在于私人货币对财富分配公正性的促进。

商圈依托于任意一个基于市场的商业要素存在，而当数字货币协议中嵌入适应或强化这种要素的时候，商圈的效率或交易成本就可能降低，显然，这已远远不是针对支付成本降低的狭窄概念，它可能涉及信息的传输、信用强化或证明、物流保障、延伸服务提供，直至融资及交易安全。比如机床商圈，智能协议也许能渗透到相当长一段时间内的技术信息传播规制、长期服务契约、人员培训、软件升级、产品换代、旧机床处置等这一行业十分特殊的内容。同样的道理，社区义工交换、特殊捐赠管理等原本非商业性社会活动，也可能建基于一个商业性智能协议的基础上，并运行在一个商圈模式的平台上，如此将导致整个社会管理成本下降。

纯粹的数字货币主轴概念在特定商圈中的形成，在缺少明确的商圈利益主体以及利益交换的情况下，仍然是基于纯粹理念的空想。简单地讲，这是一个在商圈内的交易什么、和谁在交易的问题，背后隐藏的问题是为什么用数字货币在进行某种交易。瑞波币(Ripple)的案例表明，各种货币之间的兑换需求大量且普遍存在，汇市受到管制且成本较高，即货币之间的兑换上的利益交换需求普遍存在，且受到压制，那么当某种商业模式能解决或者缓和这个问题，就能使那种被压制的利益交换需求得到释放，于是就有了Ripple这种交易中介性工具，一个基于货币交换上的利益交换得以充分实现的虚拟商圈便逐渐形成。在表层形式上，瑞波币成为一个核心概念和基于其中介性而成为关键主轴，实际上其背后是特定利益交换的实现，瑞波币的存在契合或者促进了商圈利益实现。

从Ripple到各种形形色色的试图用数字货币呈现某一商业利益的尝试，都针对了特定商圈既有的利益或被掩盖扭曲的利益，理论上讲，只要数字货币以适当方式，能将这些利益完整呈现，它就是有效率的。另一方面，实际上人们并不主要着迷于数字概念，而是针对了数字形式存在的货币概念，Ripple也好，比特币也好，它的货币属性才使得它们内在的架构设定变得有意义。但它能被认定是货币，主要不取决于央行是否承认(哪个央行也不会承认)，而是它与货币属性的契合度，这种契合度首先体现在支付手段的属性上，这又理所当然地与一个完整的市场形态直接相关。当初美国人和中国央行的研究者之所以很早就关注比特币，那完全是因为他们发现了比特币作为支付工具的潜在价值。非常有意思的是，比特币发展至今的几波大的高潮，几乎都是金融界推波助澜所致，技术专家在不断推动技术进步的同时，只是为那些高潮的到来提供了更多的可能性。这就是说，比特币的存在和发展，乃至数字货币有今天这样的发展局面，多因为其作为货币的支付功能价值的现实性和被金融家渲染的潜力。如此，数字货币的商圈应用和整体运行必须建基于一个简单事实，那就是它真实地被作为一种支付手段得到持续的和可预期的运用。所谓持续的运用，就是指它不是偶然的和互不关联的零星点上的运用；可预期的意思，实际是指有一个相对完整的市场系统搭建的基础平台，使得它与整个社会，或者确切地说它能准确地嵌入现有的市场体系。

具体层面上，我们应认识到，在传统地理商圈，同类商圈一旦交叉就会有竞争博弈，这种认定仍在线下连锁网点布局上发生作用，网络商圈相同的主轴概念也会产生竞争博弈，只是传统地理商圈只要拉开足够的地理距离就可以避免正面竞争，但网络上却难以做到。这是网络创新要求和品牌经营要求更高的重要原因。但网络商圈也建基于实体商业行为和交易体系构成的自然的市场结构，很多情况下是供应链体系。在特定供应链中的局部性或全局性交易自循环，实际就形成了某种主轴概念的网络商圈（假设交易支付均可在互联网上实现）。这种实例很多，比如酒店、旅行社、收费旅游景点之间的相互交易，更多的则存在于工业产品和配套服务的供应链中。在这种情况下，在商圈内实现数字货币作为支付手段的自我循环，也就是自我流转，形成一个可控的支付流循环，就会是一个有确定性的预期。

针对目前的经济运转方式和结构，由数字货币承载的多次数、稳定交易需求的支付结算，至少可以有效降低交易成本，提高交易效率；反过来，稳定和频繁的交易支付，也会对数字货币的币值稳定提供某种保证。重要的是，对一个庞大的国民经济体系来说，如果这种零星、分散和小型化的供应链商圈多建基于数字货币工具的话，在有效降低交易成本的同时，会由这些数字货币链接起更充分的市场交易和更真实的实体资产的价值呈现，并对整个社会的货币体制产生内生关系，对推动货币制度改善和货币政策的精细化产生重要作用。

五、政策和法律的未来

数字货币问题总回避不了政策和法律问题，不仅因为数字货币已经涉及了许多作为制度存量重要部分的现有法律规制问题,更因为它潜在的制度建构指向,甚至它本质上不是什么人意图要改变某些法律规定和制度内容的问题,而是寓于区块链系统的技术理性与人的理性非适性问题。

我们在前文多处叙述中已涉及一些数字货币的政策法律问题,特别是在第一章中已呈现了中国数字货币政策的思路和原则。我们认为几乎所有国家有关数字货币的法律和政策,其本身就是一个逐渐被建构的过程,是一个会随着被现实法律所容忍的数字货币技术和实践逐渐推动而发生渐进变化的过程。至于政策和法律在未来会如何变化,实际上是对数字货币未来发展作出判断的另一个侧面,其中无论怎样发展,各国的立法和政策原则的有些内容始终是不会变化的。这些内容是:

1. 始终坚持遏制利用数字货币进行洗钱及非法交易。

2. 始终警惕和防止数字货币引起的投机风险。这个环节的政策原则,仍然是中国政策的重中之重。

3. 始终坚持货币法定原则。这就是说,绝大部分国家的政府不会主动放弃国家对货币制度的绝对主导权。

对上述三条的坚持理由显而易见,在此不作过多说明。问题在于:在一些基于各国原有制度原则的差异,以及政策法律体系本身的差异性,导致对数字货币立场态度的差异;再有就是数字货币发展,在不同社会经济制度环境中呈现出不同的问题,也会引起政策层面上的不同反应。对这些差异性的预测则困难较大,其中存在较大的不确定性和偶然性。

一般来说,各国官方至少已经认识到数字货币的创新意义非同小可,对互联网及其产业已经产生和可能产生的积极影响,至少已经认识到它对现有金融体系和金融制度带来变化的潜在能力。如果说两年前,甚至一年前,对数字货币采取完全遏制的政策,还是某些国家官方的选项的话,那么现在这种选项已基本不存在了。

在评判和预期政策和法律走向时,应该注意到这样几个因素:

首先是机会主义色彩的利益权衡。虽然各个国家有着各自的法律体系、立法精神和立法原则,但在不违反这些精神和原则的情况下,对具体问题的立法免不了有机会主义的利益权衡,具体问题的具体法律条文有利于谁,不利于谁,或者对什么有利,对什么不利,一般会有围绕这些问题的博弈。数字货币问题较为特殊，受它的某些方面的不利影响，是拥有巨大现实利益同时又对整个经济体系至关重要的银行金融机构，是任何国家官方极为忌惮的对象，这也是数字货币立法和政策制定的最大难点。但这并非意味着就此卡住，数字货币的全球化性质会迫使相对滞后的国家产生紧迫感，如果数字货币确能带来银行金融系统的升级，滞后国家可能承受巨大压力，而且数字货币可能带来的网络经济的升级的诱惑太大，没人能真对此无动于衷。但这些在短期内发生现实作用的概率不大，而政策制定的这种权衡会一直存在。在可预见的未来，在中国出于这点的最大可能是，什么也不动，政策部门的观察权衡会持续很长一段时间。

其次，立法部门和政策制定部门，在已构建起的政策法律目标之下，开启并经历一个较长政策形成过程，包括部分立法行动。这就是说，官方明确确定一个立法和政策制定的框架目标，在这个目标当中包括了官方意志和对数字货币的基本态度，然后结合具体事实变化的过程和结果，通过一段时间内一系列立法或政策制定，来最终完成官方意志的法律表达。我们大概已经能从本书附件《英国财政部——数字货币：对信息征集的回应》中看到这样的意志态度；同样我们也可以从美国 2014 年完成的相关立法行动中看到这样一个目标十分明确的立法过程。只是在中国，官方意志和态度的表达往往并不清晰，因此，很难出现中国在数字货币问题上脉络清晰的政策制定和立法过程。

再次，难以忽略的短期影响。由于数字货币实践的冲击力较大，而又存在诸多不确定性和偶然性，某些实践产生较大的短期影响的可能性较大。不能排除官方针对这些短期影响出台应对性政策的可能。尤其在中国，政策的制定甚至立法的效率很高，如果短期内影响较大的事件需要当局出手干预时，政策就会出现。很难判断 2013 年“国五条”的出台是酝酿已久的政策，还是基于当时的情形偶然出现的。同样的道理，2014 年 2 月 MtGox 倒闭，3 月央行就着手采取措施“落实国五条”。11 月期货界出现较大风波时，比较接近政府出台新政策的时机。

最后，政策和立法的针对性在数字货币时，其相关性影响也是重要的政策法律参数，这与单纯的基于利益的权衡并不是一回事。从概念上讲，任何新的政策和法律的出现，就变成了制度存量的新增部分，其首先是要保证与

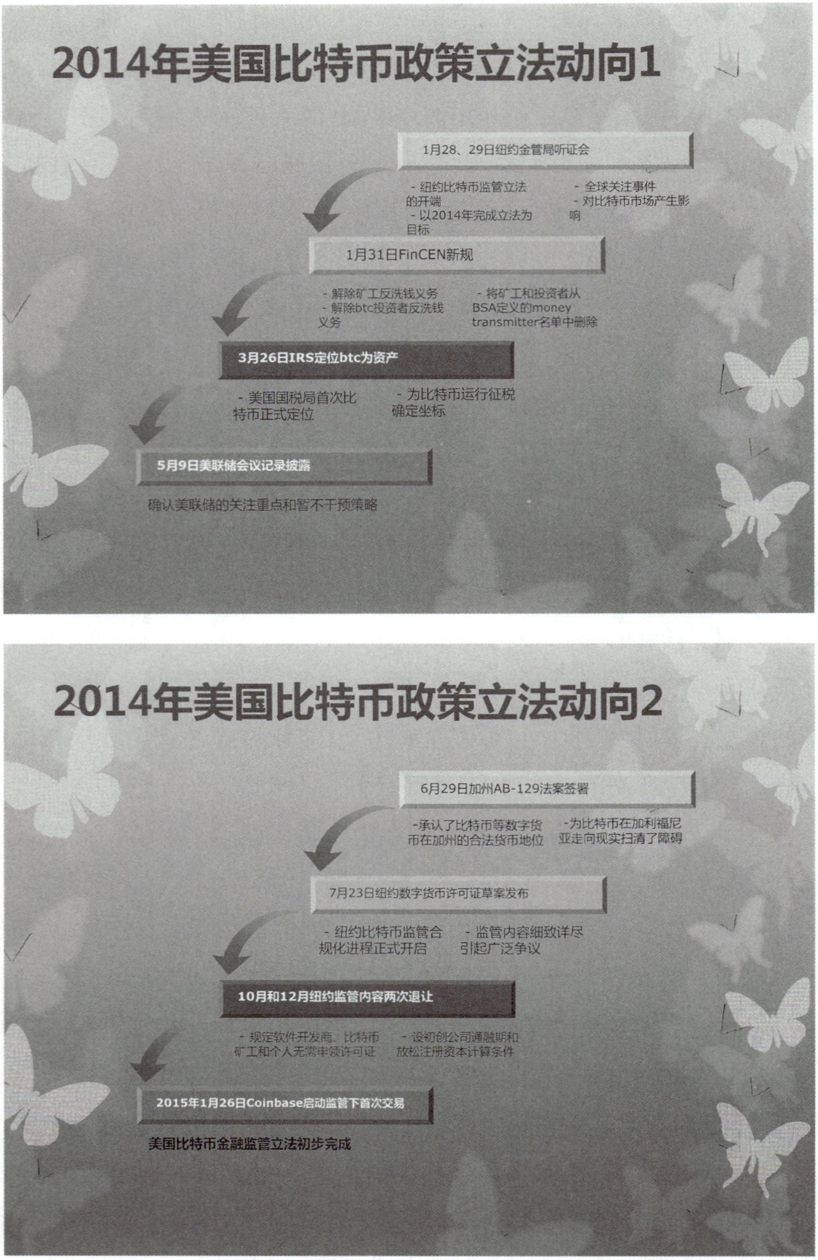

2014 年美国比特币立法过程①

① 参见巴比特“2014 年度各国比特币政策法规动向报告”，http://www.8btc.com/2014-regulation。

制度存量保持适应性；如果这个新增部分引起了制度存量一系列减量或改变，这就是制度变革意义上的新增。正是这个因素才是新政策和新法律制定的难点所在。我们可以判断，数字货币发展在我们的经济生活中可能会触及的一系列制度因素的非适性，在金融层面上就会涉及对许多金融行为的法律定义，在互联网金融这个范畴中，一些改变是可能的。尤其当新型数字货币系统在金融呈现上取得实效和规模时，至少类似"国五条"方式的监管要求可能会出现。但如果在更基础层面上，数字货币实践显示出效率和"实惠"的话，税务征收环节上的解释是最有可能出现变化的环节。

总之，中国的政策和法律因素的预期，难点在于它有偶然性，但总体方向性预判并不复杂，一是把握原则，即那些基本上永远不变的原则，二是实际效果显示这件事务的方向和利弊。在当今中国把互联网经济上升至战略层面时，中国的党和政府不会漠视区块链技术甚至数字货币的优势可能带来的积极影响，但也不会就此放弃其无法放弃的原则，政策上的变与不变均基于此。

附件一

英国财政部
数字货币：对信息征集的回应

翻译　宋万雨

第一部分　简介

2014 年 8 月，政府宣布了一项旨在调查数字货币及其基础技术的相关风险与利益的项目，特别是监管问题。2014 年 11 月，政府为收集关于这些问题的观点和证据而公开征集意见，这次总共收到了 120 个回复，这些意见书分别来自数字货币用户，数字货币的研发者、提供数字货币相关服务的企业、银行、支付方案公司、研究机构、咨询机构和其他政府部门与机构。

这个文件概括了收到的意见书对"信息征集"的回应中所收集到的问题与证据，概述了政府的观点和下一步的措施。政府对这些参与者作出的贡献表示感谢。

要点

正像"信息征集"中指出的那样，他们对数字货币带来的风险和利益的认识并不相同。回复中列出了数字货币能为消费者、商家、慈善机构和在更广泛的经济活动中作为支付方式的潜在好处。同时，回复也指出目前的数字货币系统还有一些固有缺陷使其可能不适合被主流应用。其他回复则集中在数字货币推动犯罪的风险这些会优先提上政府议程的事情。

政府认为，尽管数字货币以其当前的方式广泛应用有着显而易见的障碍，数字货币底层的"分布式分类账"技术在支付科技中作为一种创新有着远大的前景。政府希望致力于为数字货币行业的合法商业活动提供支持性的环境，以便英国能从数字货币中获益，同时也会创造一个不利于非法活动的环境。

在目前这个早期阶段，政府关于数字货币科技和这个部门的目标是：

1. 明晰和确定用户、企业以及其他各方在处理数字货币相关活动时如何适用现有的法律与监管。

2. 限制罪犯和恐怖分子利用数字货币从事非法活动的任何机会，并为有效识别和检举那些已发生的非法活动提供支持。

3. 支持新技术的研发与应用，推动支付系统、金融服务和其他相关部门的竞争与创新。

4. 支持英国的货币与金融稳定，监测数字货币在英国的使用范围并定期评估风险。

下一步

1. 政府将把英国的数字货币交易纳入反洗钱监管以支持创新，防止犯罪。政府将在下一届议会中正式提出监管的建议办法。

2. 作为本次建议监管办法的一部分，政府将研究如何确保执法机构保有有效的技巧、工具与立法以识别与检举与数字货币相关的犯罪活动，包括保有扣押和没收用于犯罪的数字货币资金的能力。

3. 政府将与英国标准协会以及数字货币行业共同研究消费者保护的义务标准。

4. 政府将与研究委员会（英国科技部属下）、阿兰·图灵研究院以及Digital Catapult联合推出一个本行业的新研究计划以研究数字货币技术的机遇与挑战，并在这方面增加1 000万英镑的研究基金。

范围

"信息征集"文档中定义的数字货币方案由去中心化支付系统及相关货币组成，因为数字货币系统可以通过多种方式达成共识，包括工作量和以信任为基础的共识。本文档强调去中心化数字货币方案是因为对分布式分类账技术的潜在利益感兴趣。

然而，政府认识到其他类型的数字货币方案也会遇到与去中心化方案相似的风险，由于这个原因，原则上，数字货币的提案监管范围应视为包括由中央实体管理与运营的可自由兑换的中心化货币。政府将在提出数字货币行业监管提案的时候制定一个合适的定义。

第二部分　数字货币的好处

本节着眼于数字货币作为一种支付方式的好处，及其作为金融服务和其他部门技术创新应用的潜力。本节也考虑了在英国设立的数字货币企业面临的障碍，以及政府会采用何种措施支持这个行业。

数字货币的好处

1. 所有利益相关者群体的反应确定了数字货币作为一种支付方式的潜在利益，指出了它对消费者、零售商、慈善机构、政府和更广泛经济的积极影响。尤其是，回复中对其更便宜与更快支付的潜力的评论。回复通过移除对传统中介机构(如银行和支付方案公司)的需求，监督整个过程并验证交易的真实性等方式描述了去中心化货币如何为转移资金提供了一个更高效的基础设施。

2. 利益相关者提供了丰富的数据量化了数字货币的成本效益。一些回复指出交易甚至可以是零成本的，因为支付者可以选择是否给矿工付费以使他们的交易得到更快处理。一位贡献者(对信息征集的回复者)也指出不管交易规模大小，费用是固定的。关于适用的费用金额，回复认为这对于传统支付方式有一些优势，虽然有一系列数字提了出来。

3. 一些意见书讨论了尚未纳入现有支付系统的新型支付的机会。许多回复解释更低的交易费用使企业提供低成本的商品与服务，接受小额支付(如下载音乐和购买在线个人报纸文章)成为可能。回复者还概述了其他形式的微型支付，如互联网小费、慈善捐赠和微就业(例如，员工每周、每日甚至每小时收到工资，而非以每月为基础)。

4. 除了在转移资金的时候能为经济运转降低成本，回复大体赞同数字货币可以加速交易处理时间。3个学院、咨询机构和数字货币使用者以及数字货币公司注意到，现有的银行同业支付系统及借记卡和信用卡在账户间转移资金如果不是用了好几天，也会用好几个小时。还有人指出，传统的支付服务只在银行工作时间提供，而数字货币交易一天24小时都在进行。

5. 许多回复认为，数字货币的成本和时间优势在跨境交易中最显著，有人指出跨境汇款会产生汇款总额大约8%的费用，结算可能需要几天。来自银行、学院、咨询机构和数字货币行业的回复强调了跨境贸易和出口的机会，特别是对那些目前被客户所在国支付的成本与延期阻碍的小企业来说。这也表明覆盖全球的数字货币网络也允许中小银行提供国际汇款服务，而不用非要通过拥有大量资金的代理银行系统。政府注意到欧洲央行的最近报告指出，数字货币相关的技术为国内和国际汇款都提供了一个富有吸引力的潜在选择。

6. 虽然大多数提交的意见认可它更快与更便宜付款的潜力，一些人还是在其相对于现有支付选项的这些优势的总体意义上得出了不同的结论。许多来自银行和支付部门的意见认为，经过平衡后的时间和成本优势非常有限或者可以忽略不计。比如有人指出，许多英国用户可以通过使用快速支付近似于实时支付。回复还提出了数字货币支付低费用的可持续性问题。例如，回复预测，如果数字货币公司纳入监管，合规成本会导致更高费用。另一个问题是一旦货币固定供应量达到新单位的发行上限，费用预计将在长期呈上升趋势。

7. 回复指出了数字货币系统的一些其他潜在好处，包括隐私、安全与透明度的功能。在隐私上，许多回复指出数字货币提供的是“推动”而非“拉动”的支付，这意味着支付者不需要向收款的个人或组织披露自己的任何个人信息。许多回复认为这将对商家有利，因为他们目前承担着保护客户敏感支付数据的成本与风险。

8. 在数字货币交易安全方面，回复强调了数字货币单位的加密算法在网上转移资金、防止伪造付款和双重支付的用途。回复还指出去中心化、分布式的矿工网络验证数字货币交易的弹性优势。回复表示这将减缓单一实体操纵交易的风险，以及单点故障造成系统崩溃的风险。然而，许多回复强调了51%攻击威胁的理论，一个支付方案公司认为矿池在长期有不断加强巩固达到规模经济，制造全系统欺诈和在交易过程中重新集权的风险。

9. 回复也解释称数字货币在某些方面提供了更强隐私的同时也创造

了更多的透明度，因为所有的交易都呈现在分类账或“blockchain”上，它由整个网络维持且不会被任何单一实体操纵。一些咨询机构和数字货币企业也谈论了数字货币协议的开源特性，这个特许能够使数字货币不断创新与改进，当社区用户审查代码缺陷以及达成多数共识，问题会随着时间推移得到解决。

10. 许多评论谈论了数字货币网络的可达性，因此这种科技有着对社会中其他银行或非银行提供支付或其他金融服务的潜力。多数回复认为，在英国以外的地区扩大接受度的机会很大，比如，在缺少建设银行基础设施的国家以及很大比例用户没有银行账户的国家。然而，一些回复认为，数字货币也有可能改善英国的金融包容性。

11. 回复也讨论了对增长和更广泛的经济的潜在积极影响。一些人计算了交易增效带来的总的好处。一个数字货币开发者提到现金流效率更快为商业带来的好处：将使企业资本得到比目前更高效的利用。许多不同的利益相关者认为，数字货币技术作为一种破坏现有支付模式的创新技术将增加支付和银行服务的竞争，并激励现有的玩家改善他们的客户理念。各种数字货币用户、企业、银行、咨询机构和学院也谈论了这种科技催生的新型商业在这里经营对英国公共部门经济增长的好处，至少包括创造就业和产生税收。

12. 一个广泛的答复认为数字货币代表着支付技术前景的一种创新。一些答复表示其意义相当于互联网：数字货币技术价值交换的转换系统的潜力相当于互联网协议，它还彻底改变了信息传输方式。一家银行比较了与以前为增加货币功能而采用的步骤，如引入水印、全息图和塑料钞票，数字货币技术的潜在优势。

底层技术的好处

1. 数字货币开发者和公司、银行、学院以及咨询公司在支撑着数字货币系统的分布式分类账技术的意义上提供了最透彻的答案。回复大致描述了该技术作为一种创新促进快速、高效及安全地通过互联网转移所有者数字资产的重要性：提供了一个发生了什么的永久记录，过程不需要第三方监督。

2. 回复还为这种技术建议了除零售支付服务外的各种可能的应用。从各种利益相关者群体的反馈看，这种技术的潜力在金融服务应用更为广泛，比如记录债券、股票、证券和其他金融工具的所有权。数字货币用户、企业，学院以及咨询机构提出这种技术适用于多种其他情况，如记录需要定期更新，需要身份验证或身份证明。反馈表示数字"签名"功能和时间戳数字资产可能用于有效与牢固地保持数字文件的记录，包括私人和公共记录的保持，例如护照、驾驶执照、犯罪记录、土地注册与数字投票。

3. 许多回复提到了进一步的应用是把数字货币技术用于智能合同，相关利益者把数字货币描述为"可编程的货币"或货币"内置功能"，使用户能够把需求编码当成支付指令以实现自治，自我执行合同。反馈者表示这种技术能提高产权转让、偿还贷款等支付可自动发生及一旦指定条件满足即"调整以适应"(adjusted)的这样一些活动的效率。

4. 回复还描述了一些其他使用这种技术的例子，包括去中心化数据储存解决方案(使用区块链技术存储文件安全有效)，加密的对等通信网络以及"智能财产"连接和物联网。比如，一个回复提到了一家主流科技公司使用区块链技术研发智能设备(比如能联网的家用电器)，这些设备能彼此沟通、维护和半自治的自我更新。另一个回复认为这种技术与半自治的无人驾驶汽车有相似作用。

数字货币公司的障碍

1. 英国的数字货币公司面临着的主要挑战有两个被强调，很多回复认为这些问题是相互连通的。多数利益相关者提到数字货币缺少一个监管框架，评论称这已经给企业造成了一些不确定性，这还使整个行业都难以证明其公信力与合法性。第二个主题是数字货币公司在英国开设银行账户遇到了困难。许多企业描述了他们如何被迫开设海外银行账户，这导致了他们的日常业务放缓和成本上升。

2. 来自银行部门的意见强调了缺乏监管是银行犹豫是否接受把数字货币公司作为客户的关键因素，许多数字货币公司也谈论了银行通道问题是与监管相关的问题。然而，一些回复认为银行几乎没有为在具体分析的基础上评估公司的真实风险做过努力。一些人认为数字货币和其他金融科技初创企业代表着对现有的金融机构和支付系统商业模型的潜在竞争威胁。

3. 这个行业面临着的其他挑战，回复也评论了数字货币主流采用的一般限制，包括这种技术用起来不熟悉或复杂的事实，价格波动，相对于传统的支付系统缺少对消费者权益的保护。这些问题涉及更多的细节将在第三节的用户风险中加以讨论。

4. 虽然一些问题影响到这个行业，回复也评论了一些使英国成为一个对数字货币初创企业有吸引力和支持力环境的条件。数字货币公司认为英国占据着全球金融服务中心的有利位置。回复也对比了其他对数字货币已经采取的过于严厉(在他们眼里)，甚至试图禁止使用的国家。此外，许多回复欢迎政府在2014年澄清数字货币税务处理的所采取的措施，并敦促英国利用其影响力确保使其在欧盟其他地区得到同等待遇。

通过干预支持货币行业的选项

1. 关于政府可以采取何种措施支持这一行业的问题，许多回复都集中在将行业纳入监管上。不同的理由和选项将在下一节具体讨论。将近80个回复考虑是否应该引入任何形式的监管，这些反馈中超过80%的反馈表示这个行业应该引进某种形式的监管，其他回复则认为政府不应监管或不应在这个时间监管。

2. 除了监管，其他一些建议支持数字货币及相关业务发展与应用的行动也被提了出来，超过20个回复提到教育与引导将有助于提高对发展相关技术的认识和理解，此外，一个咨询机构、几家银行和支付方案公司、数字货币企业和另一个政府部门认为政府直接采用数字货币技术，提高银行或英格兰银行把数字货币技术整合进入现有支付系统和国家发行的货币，包括英格兰银行发行的“数字英镑”选项的可能性是一种积极措施。

政府回应

1. 政府认为数字货币意味着支付技术的有趣发展，分布式、对等网络和加密技术的应用使用有效与安全地转移数字货币基金成为可能。政府注意到，诸如小额支付和跨境交易是目的最明确的潜在优势。

2. 除了零售支付服务，政府认为有机会探索支撑着数字货币系统的分布式分类技术的一系列应用，如零售支付、金融服务以及更多。

3. 然而，虽然这种技术提供了相当的潜力，到目前为止世界范围内的消费者和零售商采用数字货币的仍然相对较少，科技和围绕着它产生的产业都还处于萌芽状态。有证据表明，数字货币公司在运营的这个市场的功能并不是像它应该的那么好，在当前适度监管，为合规数字货币用户与企业提供一个有利环境是一个好的方案。政府的提议在第四节提出。

第三部分　数字货币的风险

犯罪风险

1. 2014 年 10 月，国家犯罪局(NCA)评估了数字货币所带来的威胁的性质与规模，并得出结论称这种货币的主要犯罪用途是在线销售与购买非法商品与服务，NCA 评论称数字货币尚未在更宽广的犯罪社区中作为一种商品和服务的支付方式被广泛采用。它指出，威胁的规模难以评估，但表示几乎没有证据表明反洗钱专家或数字货币在恐怖主义融资中扮演了什么重要角色。NCA 也认为非法的数字货币交易多数是低值交易。

2. 几乎所有回复都指出数字货币可为用户提供一定的匿名性，这个因素可能驱动犯罪。回复也指出特定数字货币与匿名服务的使用能够增加用户的匿名程度。然而，利益相关者是从他们的角度评论这个风险的整体意义。一些银行和支付方案公司形容数字货币匿名且难以追踪，但很多用户、数字货币公司和咨询公司的意见挑战了这种观点并称这种技术为“假名”而非匿名。他们指出历史交易的公开分类账(或区块链)使数字货币支付比传统支付方式，尤其是现金，更透明。利益相关者认为，这一历史交易的分类账可能有助于监管和执法。

3. 其他确定性的风险诸如低成本、更快的交易时间、易于跨境转移资金等功能可能会吸引非法或合法用户。除了数字货币的固有特性可能会鼓励非法行为，反馈还讨论了相关的外部条件。特别是，提交者指出处理数字货币交易的第三方中介不受监管的地位与未来的监管需要全球范围协调的挑战。

4. 利益相关者还概述了可能发生的与数字货币有关的潜在犯罪活动。

反馈指出,有证据表明数字货币已经成为一种通过在线市场(如丝绸之路)购买非法商品和服务的支付工具,很多电脑感染"勒索"病毒的案例中,许多罪犯都要求支付数字货币。此外,反馈指出数字货币可能会在许多其他类型的非法活动中被使用,尽管他们没有提供证据是否,或在什么程度上发生,但还是有可能发生。提交者提及由于数字货币的独特功能,它可能会便利于洗钱、恐怖主义融资、逃税和逃避制裁及类似的活动。

5. 一些回复还确定了一些可能在目前能够阻止数字货币被用于非法活动的因素。比如第二节讨论的交易的透明度和能见度。反馈强调了一些条件价格波动、对技术熟悉或专业度的需求、商家和个人购买商品和服务接受数字货币作为支付方式的相对较少,数字货币交易量低以及数字货币系统的流动性水平低。由于这些原因,很多人认为,比如,严重的有组织洗钱反而更偏爱传统的支付方法。

金融制裁

许多反馈称由于匿名性、不需要中间人的跨境支付能力以及没有第三方权威能够冻结和撤销数字货币支付的事实等因素,数字货币的确会对实施金融制裁形成不容忽视的挑战。几个回复为解决这些问题提出了几个切实可行的方法(如,监管,数字货币钱包与真实身份匹配),但也承认用户可以轻松创建多个地址,资金转移不需要通过第三方钱包提供商,使用匿名服务进一步掩饰交易流程。

减少犯罪风险的干预措施

1. 许多利益相关者强烈支持政府干预以防范犯罪用途并帮助合法的企业和用户。回答这个问题中的3/4愿意通过监管来解决匿名使用的问题,绝大多数关注"验证身份"的需求在数字货币中介结构中的应用。多数数字货币公司、咨询公司和学院寻求这种监管,他们也强调监管需求应与风险大小相对称以避免不必要地扼杀一个新兴产业的竞争与创新。多数银行和支付方案公司也建议监管,也强调他们的反洗钱和反恐怖主义融资规则的义务需要明确的指导。

2. 对于监管如何实现这个问题,回复者全都由于时效性的原因青睐于在短期内使用现有框架，有些人也认为创造一个定制版制度将给公司带来更高的合规成本。这些回答中的一些指出现有规则应该利用，但需要进行调整以适应数字货币行业。几个回复指出，原则上，一个理想方案应是一个根据数字货币固有特性设计的新制度，但多数人认为，政府应该在短期内充分利用现有法规解决最紧迫的风险。一个贡献者也评论称现在给还处于发展阶段早期的数字货币一个定制版的制度可能还为时过早，而且现在还很难预测这种技术会往哪个方向发展。

3. 许多回复评论了欧洲或全球一致合作的国际监管框架的诉求。回复认为这将增强执法工作的有效性，因为基于互联网的数字货币网络是无国界的。此外，对于那些寻求在多个司法管辖区经营的数字货币公司，要求的一致性将降低合规的成本与复杂性。许多关于如何实现一个连贯性的国际框架，包括利用现有的欧盟机构和立法（如反洗钱方针）、经合组织和国际金融特别行动小组（FATF）的想法都提了出来。

一些意见书讨论了监管范围，提到了那些应该受到监管的特定参与者。最普遍的回复是交易业务应该成为监管重点，因为他们是数字货币系统的“门户”或“进入”与“退出”点。一小部分回复讨论了数字货币 ATM 的监管。有些回复认为包括钱包提供者也应纳入监管，它们的数字货币系统属更可视化的交易。其余的意见书的答复更为广泛，认为所有操作与处理数字货币的都应纳入监管。

4. 一小部分用户和数字货币公司反对监管解决犯罪风险的看法。他们强调了私人数字货币，一种第一次创建的避免了中央权威的货币的自由主义起源，因此政府不应以任何方式干涉。其他反对的意见书集中在监管的时间而非原则上，他们认为，目前监管还太早，并将引起过度监管会制造进入壁垒或抑制创新的担忧。

5. 对能够减轻犯罪风险的非管制性干预措施，主要的建议是政府应当培训执法人员和发展现有的执法技术。几个用户和数字货币公司建议，通过交易机构和其他专家资源提高警察和情报机构的理解和认识。其他建议包括建立一个指定工作组监测和分析区块链以识别和追踪可疑交易。一个来自支付基础设施供应商的建议是，若风险大于收益，政府应当禁止数字货币。所有选择了这个选项的利益相关者概括称其将推动地下市场参与，减少交易可见度并鼓励犯罪分子而非合法用户利用这种技术转移资金。

6. 信息征集表还征求了对美国金融犯罪执法网络(FinCEN)的影响的看法,那里的反洗钱法规已经适用于数字货币的管理主体与交易。总体上,来自数字货币企业的回复(包括一些在美国在监管中运营的)是积极的,称监管增强了数字货币企业的合法性,帮助了企业与银行建立伙伴与投资关系,震慑了犯罪。尽管如此,各利益相关者也评论称哪种类型的业务会被金融犯罪执法网络的要求捕捉缺乏透明性,还有的说在美国多个州注册的过程负担过重,迫使小企业退出了那个市场。

7. 一些意见也评论了纽约市金融服务部门"BitLicense"框架。数字货币企业的回答是 Bitlicense 机制,至少在最初起草阶段,范围太广,数字货币企业的合规成本太高,有摧毁这个行业的风险。

政府回应

1. 现有证据表明数字货币已被用于非法行为,但并不认为数字货币目前已经作为一种支付工具被犯罪社区广泛使用。政府注意到匿名的程度与支付的便捷性是潜在的罪犯使用的关键驱动因素;数字货币匿名使用是和有效的就地"身份验证"制度缺席紧密关联的。

2. 政府认可为促进这个行业的发展与创新提供相应的支持,但为限制数字货币被罪犯或恐怖分子滥用会强化反洗钱的监管。政府在第 4 节中提出了下一步以减轻犯罪用途的风险。

用户的风险

1. 就像在第 2 节讨论的,回复解释称数字货币利用加密技术为通过数字货币网络进行价值转移提供了一种安全方式。然而,贡献者还表示,在获得、持有和转移数字货币资金的各个环节,用户都面临着安全问题。

2. 对这个问题的几乎所有回复都强调了这种没有任何权威,也没有与任何其他货币或商品挂钩的数字货币的用户曾体验过的价格波动的风险。然而,许多回复指出,数字货币自 2009 年以来一直存在,并预测随着数字货币的成熟和采用的增加,汇率将趋于稳定。

3. 在这个去中心化数字货币的事情中,利益相关者评论了控制交易

(例如扭转错误或欺诈性支付的力量)的总体权力的缺席，毕竟数字货币支付有着不可撤销的性质。一些意见则推测系统未来发生未知故障或崩溃的可能性，或如果一个矿池如果获得足够的算力发动 51%攻击的理论可能性。值得注意的是这种风险在中心化方案中可能会减少。

4. 回复注意到，数字货币能够授权给用户更多的自由，个人可以控制他们自己的钱，但这需要用户个人在保护自己资金的时候承担更大的责任，如果某些错误发生也不能向银行、支付方案公司或监管者追索。意见引用了一个用户忘了或把他们的付款凭证放错了地方，或黑客损毁了他们设备并获得了他们的数字货币资金的例子。

5. 回复者还描述了第三方数字货币公司接受用户资金的情形下的情况。利益相关者报告称被黑客侵入的交易和钱包供应商蓄意欺诈客户或破产导致没有追索权的用户失去了资金(如门头沟)，回复还提到了新的数字货币相关的“先拉后砸”的诈骗。贡献者提到的因素包括交易的非面对面性，一些条件下行为者的匿名性，公司未在任何当局注册的事实，现有的消费者或购买者保护权益的适用缺乏透明性。

6. 来自数字货币行业的回复，如咨询公司、研究机构、银行和支付方案公司表示市场已经能够解决一些用户风险。他们提到了创造的一些新技术方案，如多重签名认证、账户托管和数字货币企业使用的“冷储存”。

减少用户风险的干预措施

1. 有了政府监管做坚强后盾解决犯罪风险，回复对于政策介入消费者保护的反应更加复杂。回答这个问题的人中仅仅有刚过一半的人寻求政府的干预，比如使监管或消费者权利适应数字货币行业。另外不到一半的人认为政府应当就消费者保护进行具体规范。但这些回复中的许多人都寻求开发一个基于最佳实践标准的自愿而非强制遵守的消费者保护框架。

这些对用户风险(包括数字货币公司、银行、支付公司和一些研究机构及咨询公司)选择监管的回复中，相对于目前覆盖金融和支付机构的监管，不是所有的都提倡一个全面的消费者保护制度。一些回应简单地说现有消费者保护应适用(如消费者权益保护法 1987)其他的表示，接受数字货币支付的商家和服务供应商如钱包供应商应当在保护和争端的便利解决方案上提供明确政策。

2. 然而，这些意见书的确为消费者保护监管建议引进或调整为一个完整的制度。贡献者提到了一些可能适用于数字货币企业注册或许可的要求，包括以下：

(1) 数字货币资金安全存储的技术标准(如多重签名和冷储存)；

(2) 网络安全或互联网(IT)标准；

(3) 审慎监管要求；

(4) 行为要求；

(5) 按照政府的金融服务补偿计划(FSCS)的标准实施存款保障计划。

3. 至于对消费者保护政府能如何监管，许多回复提出调整使用现有框架并提到为此应该做下述选项：支付服务指令，电子货币指令，市场金融工具指令。这些规定目前由金融管理局执行。此外，一小部分意见认为支付系统监管机构和金融督查服务机构(Financial Ombudsman Service)也可以发挥作用。

4. 各利益相关者建议在国内引入消费者保护监管，而不是在国际上，主要是因为这便利了在短期内实行。其他的则赞成在欧盟或国际层面采取行动，因为数字货币的无国界性使得国际性框架更合适，并将给公司在不止一个国家运营的时候提供更大的一致性。

5. 回复提到应该纳入消费者保护监管范围的特定市场参与者，最主要的是那些保管和控制用户资金的企业，包括钱包和交易所。一个咨询机构提出了监管矿工的想法，让他们发行新货币单位和在网络上解决51%攻击的问题上发挥关键作用。

6. 低于半数的回答了这个问题的(包括数字货币的用户、企业、研究机构和咨询公司)不认为现在有一个消费者保护的案例。一些人指出，数字货币的总规模仍然非常小，几个评论称市场已经能够解决用户的一些风险。比如，创造前面提到的新的技术解决方案。贡献者认为，规范性规定将限制市场以新技术和产品解决安全问题的灵活性。

7. 同时也承认现在政府能通过有效的干预途径来保护消费者还有点为时过早，因为需要充分了解对消费者的潜在损害，通过现有的监管框架风险不会得到全面解决。然而，回复也评论称，不采取行动的风险将使消费者无法信任数字货币企业，对这个行业的增长来说这可能是比任何其他因素更具破坏性的因素。

8. 各种数字货币业务，包括这个行业的交易机构和用户，大学以及支付交易机构认为，解决用户风险与改善该行业声誉的最好解决办法将会是一条自律的中间道路。这些意见书支持一个产业能够发展最佳实践和通过一个正式认证方案适用这些标准的模式。回复认为，这将允许市场向用户发出能够提供更强安全性的信号，也不用强加给小型初创企业昂贵的合规成本。

9. 关于干预与解决犯罪风险问题的回复，利益相关者呼吁政府采取以风险为基础的方法，并采取适当的方式以避免不必要扼杀创新或驱动实验性的技术。

政府回应

1. 政府指出，目前使用数字货币存在一些潜在的重大风险，承认需要采取行动提高标准与为用户辨别什么样的服务用起来安全提供更多的透明性，但没必要扼杀创新和发展。政府减轻消费者损失风险的下一步措施在第 4 节提出。

2. 使数字货币用起来更安全的措施可能会带来更大稳定性和交易量增加，这将使那些货币像对合法用户一样对罪犯更具吸引力。因此政府支出实施有效的反洗钱监管，确保执法机构有有效的技巧、工具和立法来识别和控诉数字货币相关的犯罪活动，将有助于缓解犯罪风险。

货币(Monetary)和金融稳定

1. 总的来说，回复认为数字货币目前对货币和金融稳定构成的风险非常低。利益相关者认为，数字货币目前流通量非常低，甚至是最流行的数字货币在英国和全球的交易量占总交易量的比例都很小。有些人还讨论了数字货币（至少他们目前的形式）达到主流接受水平并成为一个稳定的国家货币竞争对手的障碍。这些结论一般都符合英格兰银行 2014 年 9 月的评估，即数字货币不会对英国的稳定构成重大风险。

2. 一小部分数字货币企业和用户认为数字货币可以提供比目前的货

币体系更大的稳定性。例如,基于一些数字货币有一个确定性的供应增长路径,有意见表示,这将为防止通货膨胀提供一个可预测性因素(也有评论称这是数字货币价格波动与通货紧缩的原因)。这些回复使这些评论成为央行当前地位与行为的更广泛的批评的一部分,比如,与量化宽松政策的关系。

3. 一些回复建议政府应当密切监视这个行业并定期评估风险是否发生了变化。在数字货币变得非常广泛的事件中,回复指出风险可能产生了非常重要的影响。如果数字货币的使用量增长,这将可能会影响货币政策工具的有效性。比如,央行的政策和货币供应相关的目标以及通货膨胀的经济。回复还认为数字货币固定供应也可能会导致通货紧缩,造成经济萧条。如果使用的规模足够大,数字货币也可能会限制政府应对金融危机的能力。例如此类事件中资本管制是必要的,这些可能会被规避。回复还表示,如果数字货币网络出现不可预见的缺陷,市场价值将会产生巨大的波动和不稳定性。

4. 前面的章节中,一部分回复提出了政府和央行把数字货币技术整合进法币支付系统的可能性,包括英格兰银行发行法定数字货币或"数字英镑"的选项。

政府回应

政府同意多数回复与英格兰银行的评估,数字货币对目前英国货币与金融政策的稳定比较低。英格兰银行将继续监测这个地区的发展。

第四部分　结论与下一步

1. 政府致力于使银行为所有客户的利益加强竞争,关键是鼓励支付——为银行业提供通道——的更大创新。政府打算为创新支付和金融科技创造一个世界领先的环境。在 2015 年的预算里,政府宣布了一系列措施以解决与数字货币有关的主要犯罪和消费者保护风险。这些措施的目的是为合作行为人创造有利的环境,并为非法使用者创造一个不利的环境。

2. 政府指出,数字货币的独特功能既对为合法目的喜欢数字货币的合法用户也对非法用户有吸引力。因此,政府打算把反洗钱法规适用于数字货币交易以支持创新并防止犯罪分子使用。政府正为下一次在议会上提出监管方法进行全面咨询。咨询将在关键问题包括反洗钱监管如何适用于数字货币行业，监管边界的范围与监管机构的身份上收集意见与证据。

3. 作为提出监管方法咨询的一部分，政府将研究如何确保执法机构有有效的技巧、工具和立法以识别和控诉数字货币相关的犯罪活动，包括用于扣押和没收为犯罪目的而进行交易的数字货币资金的能力。

4. 金融行动特别工作组（FATA）指出了数字货币的合法用途，并识别了数字货币目前潜在的洗钱和恐怖融资的风险。FATA 表示它希望最初的进展报告在 2015 年 6 月的全会上决定。英国将继续参与 FATF 的进程。

5. 政府注意到，这种技术与周边产业处于萌芽状态，并认识到使用数字货币潜存着一些风险。作为回复，政府认为，为解决可识别的风险又不增加产业的监管负担，在这个阶段推行一个消费者保护最佳实践标准的框架是正确的措施。政府打算与英国标准协会（BSI）以及数字货币行业合作为消费者保护发展开创性的自愿性标准。

6. 政府认为，合法使用的数字货币提供了一种创新性的替代支付选项，它与现有支付模式存在竞争关系，在小额支付、海外汇款和跨境贸易上有着特别明确的短期优势。

7. 政府认为，数字货币相关的技术有着可观的前景，使其能为用户快速、有效、安全地转移价值（或其他信息），为发生的事情提供了一个永久记录而不需要一个可信的第三方监督整个过程。作为回应，政府与 Research Councils、阿兰图灵研究所和 Digital Catapult 以及数字货币行业联合推出了一个本行业的研究计划，以研究数字货币技术带来的机遇与挑战，并将在这方面增加 1 000 万英镑以支持这个计划。

8. 此外，2015 年 2 月，英格兰银行宣布将承担央行发行数字货币问题的研究作为其新研究议程的一部分。这项工作涵盖了一个中央银行系统这样做的经济影响、技术要求和必要监管，以及潜在成本与效益。

附件二

《中国人民银行　工业和信息化部中国银行业监督管理委员会中国证券监督管理委员会中国保险监督管理委员会关于防范比特币风险的通知》(简称“国五条”)解读(节选)

2009年以来,一种通过特定计算机程序计算出来的所谓“比特币”(Bitcoin)在国际上引起了广泛关注,国内也有一些机构和个人借机炒作比特币及与比特币相关的产品。为保护社会公众的财产权益,保障人民币的法定货币地位,防范洗钱风险,维护金融稳定。2013年12月3日,(央行等五部委)依据《中国人民银行法》、《反洗钱法》、《商业银行法》、《中华人民共和国电信条例》等有关法律法规,共同发布了“国五条”通知(简称《通知》)。

一、《通知》的出台背景

(一) 什么是比特币

比特币是由用户使用计算机依据特定算法,通过大量的计算(俗称“挖矿”)解决一项复杂数字问题后产生的虚拟商品。与普通商品在网络上交易必须依赖特定机构进行簿记不同,比特币使用整个互联网络中的众多节点构成的分布式数据库来确认所有交易行为,并使用密码技术来确保整个环节的安全性,保证比特币只能被真实的拥有者使用,并只能使用一次,不能多重交易。因此,比特币也被人称为是一种所谓“加密电子货币”。采用制造比特币类似的原理,许多人还设计了许多被称为“币”的其他虚拟商品,如莱特币、狗币、夸克币、暗黑币等,总数有几十种之多。

比特币的概念和算法由一名化名为"中本聪"(Satoshi Nakamoto)的人在2008年提出,初期只在一些程序员中流行,价值不高。2010年以后,在许多爱好者的推动下,比特币市场迅速发展,用户数量不断增加,其价格也开始迅速上涨并剧烈波动,每比特币价格从2010年4月25日首次公开交易时的0.03美元最高上涨到2013年11月30日的1 233美元。目前,我国主要比特币交易网站的平均价格约在3 700元人民币,即600美元左右。随着比特币价格的提高以及用户数量的增加,国内外一些网络商户,甚至实体商户已经开始接受比特币,但是,从实际交易情况看,交易量十分有限,仍是以概念炒作为主。

比特币有以下主要特点:一是去中心化,既没有集中发行方,转移也不需要依赖集中的登记机构,任何互联网用户使用任何一台接入互联网的计算机都可以参与制造和使用比特币;二是总量有限,根据其特殊的程序算法,理论上比特币的产生数量是2 100万个,且产生速度将逐渐减慢——起初为约每10分钟产生50个,当总量达到1 050万个(2 100万个的50%)时,减半为每10分钟25个,总量达到1 575万个(新产出525万个,即1 050万个的50%)时,产生速度再次减半,以此类推,并于2140年达到极限;三是不受地理区域的限制,可以通过互联网在全世界流通;四是匿名性,在"挖矿"、持有和交易过程中,用户均可以不使用实名,仅使用一串由英文字符和数字组成的33位数字代码,即比特币地址就可代表其拥有者身份,使用比特币地址与该比特币地址对应的私钥就可以完成全部交易,他人无法辨认用户的真实身份信息。

虽然比特币的转移可以在用户之间"点对点"的进行,但是,仅仅在用户之间的买卖在交易撮合和交易安全保障方面都存在较大的困难。因此,一些国家出现了专门从事比特币交易的互联网网站,如已经破产的著名比特币交易网站Mt. gox,以及Bitstamp、比特币中国、火币网、OKcoin等。比特币交易网站的出现极大地拓展了比特币的交易规模和影响力,吸引了许多社会公众进行比特币的买卖和投机活动。

(二)比特币存在的问题

从比特币属于特定的虚拟商品这一属性看,其可能存在以下问题:

一是较高的投机风险。比特币交易市场容量较小,交易24小时连续开放，没有涨跌幅限制，价格容易被投机分子控制，产生剧烈波动，风险极大。普通投资者盲目跟风容易遭受重大损失。同时，比特币的相关交易市场仍处于自发状态，可能存在交易对手方风险、资金安全风险和清算结算环节的风险等，投资者合法权益难以得到有效保障。

二是较高的洗钱风险。由于比特币交易具有匿名性和不受地域限制的特点，其资金流向难以检测，为洗钱和恐怖融资活动提供了便利。

三是被违法犯罪分子或组织利用的风险。目前，国际上已经出现了利用比特币进行的毒品、枪支交易等犯罪活动，相关案件已经被查处。同时，各比特币交易网站的现状参差不齐，一些网站没有经过合法注册，涉嫌非法经营；一些网站安全防范和抗风险能力差，容易发生黑客攻击或网站经营者卷款潜逃等事件。

（三）出台《通知》的主要考虑

从目前的形势看，由于比特币等的总量较小，交易市场规模有限，金融机构也没有直接参与交易和投资活动，只要采取必要的防控措施，就可以避免比特币等虚拟商品带来的风险冲击金融体系、影响金融稳定和货币政策。同时，比特币作为一种虚拟商品，其价格波动与实体经济缺乏关联，实体经济交易以比特币计价、支付的范围极为有限。也可以通过加强防控避免比特币等虚拟商品以对实体经济构成冲击。但是，由于比特币等虚拟商品存在较高的投机风险、洗钱风险，以及被违法犯罪分子或组织利用的风险，其现实风险仍值得关注。

2011年我国第一家比特币交易网站——比特币中国出现以来，在短短的几年中我国已经出现了数十种类似虚拟商品，设立了十余家大大小小的比特币及莱特币等其他类似虚拟商品的交易网站，高峰时期的日比特币交易量占世界比特币交易量的一半以上。在这些交易网站借助“网络货币”、“未来趋势”、“数字黄金”等概念进行炒作和推动下，比特币及其他类似虚拟商品的交易开始从单纯的买卖转变为采取“融资融币”、杠杆交易等交易方式的高风险投机活动，对比特币还缺乏足够了解，普通民众大量参与，出于跟风或者投机的心理持有、使用和交易比特币，损失较大。如果不加以限制，不仅将影响人民币作为我国主权货币的严肃性，也将对社会公众的财产权益造成损害。

二、《通知》的主要内容

《通知》有以下五个方面的主要内容:

(一) 明确比特币的非货币属性

比特币诞生以来,一直以“货币”的称谓进行推广和营销,其是否属于货币,一直被热烈讨论。有观点认为,随着比特币交易的发展,比特币已经具备了一些货币的特征,可以将其认定为货币。但是,更多的学者则认为,货币应当是由货币当局发行的,具有法偿性、可用来支付一国范围内或特定区域内所有债务和商品劳务的、被社会普遍接受的一般等价物。

对比比特币的主要特点,我们不难发现,它虽然名称中包含了“币”字,但由于不是由货币当局发行,不具有法偿性与强制性等货币属性,并不能称之为真正意义的货币。从货币的三大职能看,比特币仅在十分有限的条件下起到了支付工具的作用,在稳定性和安全性方面存在的重大缺陷严重阻碍了其作为价值尺度和储值手段的职能,导致比特币更多沦为投机品,与完善的货币职能相去甚远。所以说,比特币应当属于一种虚拟商品,而不是货币,使用比特币的“付款”行为更接近于“以物易物”。

《中华人民共和国中国人民银行法》第十六条规定,中华人民共和国的法定货币是人民币;《中华人民共和国外汇管理条例》第八条规定,中华人民共和国境内禁止外币流通,并不得以外币计价结算。因此,比特币作为一种虚拟商品,不仅不具有与货币等同的法律地位,在我国也不能以“货币”的名义在市场上流通使用。严格意义上说,以比特币为商品或服务定价的行为,均不符合我国相关法律的规定。

事实上,与一些网站热衷于炒作所谓比特币正逐渐获得各国认同相反,迄今为止世界上并没有一个国家正式承认比特币具有法定货币的地位。各国监管部门在关注比特币的同时,纷纷提示其潜在的洗钱风险和交易安全风险。

欧洲央行在2012年发布的《虚拟货币架构》研究报告指出,比特币是一种虚拟货币,与特定经济体生产的商品或提供的服务没有直接联系;2013年12月,欧洲银行监管局就购买、持有或交易比特币等虚拟货币的风险发布提示,认为比特币属于虚拟货币,是一种不受监管、非经中央银行发行或担保、可作为支付手段的电子钱币，其用户的权益面临不受存款保险制度保护、电子账户易被黑客破解、无法享受欧盟消费法律项下的退款权和提示期间保护。价值波动剧烈、容易被洗钱等刑事犯罪所利用以及可能招致税负等风险。在欧洲银行监管局发布风险提示后，法国、荷兰、德国、丹麦、葡萄牙、塞浦路斯等欧洲国家央行或金融监管机构也相继发表声明，认同比特币不具备真正的货币属性。提示交易方应当充分认识并自行承担风险。法国央行强调，比特币与法定货币之间的兑换属于支付服务，应当通过法国金融审慎监管局批准成立的支付机构进行，以确保相关交易符合反洗钱和反恐怖融资法规。德国金融消管局则根据德国银行业法案将比特币定义为记账单位形式的金融工具，不是法定记账货币，并认为比特币的商业使用必须经过授权，否则可能构成犯罪。

在美国，2013年3月，美国财政部下属的金融犯罪执法网络出台了一份针对比特币等虚拟货币业务的指引性文件——《金融犯罪执法网络法规在个人管理、交换和使用虚拟货币中的应用》。该指引认为，比特币是一种典型的虚拟货币，不具备实际货币的全部属性和法定货币地位；2014年年初，美国联邦税务局发布通告称比特币及其他虚拟货币属于财产而不是货币，比特币的"挖矿"、买卖和使用行为均应适用相关税务规则，进行纳税申报。

2014年2月，俄罗斯总检察长办公室发表声明称，俄罗斯执法部门和央行正联合采取措施"阻止俄斯货币流通领域中的非法行为，并防止因'加密电子货币'的使用导致俄罗斯公民和法人实体的财产权受到侵害"，并认为俄罗斯现行法律禁止引入卢布以外的货币单位或者发行货币替代品，比特币属于货币替代品，公民和企业法人不能使用。南美洲的玻利维亚央行在最近的声明中也同样持有这种观点。

在亚洲地区，日本、韩国，以及我国台湾地区和香港地区都认为比特币不是货币，而是一种虚拟商品。

(二)明确各金融机构和支付机构不得开展与比特币相关的业务

《通知》要求现阶段各金融机构和支付机构不得开展与比特币相关的业务，以概括加列举的方式，明确了三大类金融机构和支付机构不得开展的业务，主要包括：

第一,不得以比特币为产品或服务定价。该规定是《通知》第一项关于比特币不具有与货币等同的法律地位,在我国也不能且不应作为货币在市场上流通使用的自然延伸。

第二,不得直接从事与比特币相关的业务,包括买卖或作为中央对手买卖比特币、承保与比特币相关的保险业务或将比特币纳入保险责任范围、接受比特币或以比持币作为支付结算工具、开展比特币与人民币及外币的兑换服务、发行与比特币相关的金融产品、将比特币作为信托和基金等投资的投资标的等。

第三,不得为比特币的交易提供支持,包括为客户提供比特币登记、交易、清算、结算等服务,开展比特币的储存、托管、抵押等业务。

在《通知》下发后,各金融机构和支付机构积极落实相关规定,停止了为比特币交易网点提供服务,但是,许多比特币交易网点仍通过违法使用个人账户作为充值和提现账户、使用充值码等方式变相规避《通知》的规定,进一步加大了用户的资金风险。针对这种情况,我国各主要商业银行和支付机构纷纷发表声明,禁止任何机构和个人将该银行的账户或支付机构的服务用于比特币、莱特币等的交易资金充值及提现、购买及销售相关交易充值码等活动,要求任何机构和个人不得通过该银行的账户或支付机构的服务划转相关交易资金。这些声明,不仅在于表明商业银行和支付机构认真落实《通知》规定的态度,更成为与客户之间的约定,为有效落实《通知》的规定、对违反规定的行为采取必要的处理措施提供了有力支持。

(三) 明确从事比特币相关服务的互联网网站必须进行 ICP 备案

依据《互联网信息服务管理办法》规定,对非经营性互联网信息服务实行备案制度,未取得许可或者未履行备案手续的,不得从事互联网信息服务。这种备案,也就是我们常说的 ICP 备案,主要备案主办单位和网点负责人的基本情况、网站网址和服务项目,以及已经取得的主管部门的批文等内容。负责备案的单位是互联网网站主办单位所在地的省、自治区、直辖市电信管理机构或者国务院信息产业主管部门。ICP 备案是我国所有提供非经营性互联网服务的网站所必须履行的义务,是一个互联网网站合法成立的基本条件。因此,《通告》规定,提供比特币登记、交易等服务的互联网网站应当在电信管理机构备案。

(四)明确相关主体的反洗钱义务

比特币所具有的较高洗钱风险是各国反洗钱部门和相关国际组织关注的重要问题,中国人民银行作为国务院反洗钱行政主管部门,也对比特币的洗钱风险十分关注,《通知》依据《中华人民共和国反洗钱法》专门对此问题进行了规定。根据履行反洗钱义务的主体不同,规定分为三个层次:

第一,对人民银行各分支机构的要求。《通知》要求人民银行各分支机构密切关注比特币及其他类似的具有匿名、跨境流通便利等特征的虚拟商品的动向及态势,认真研判洗钱风险,研究制定有针对性的防范措施。同时,将在辖区内依法设立并提供比特币登记、交易等服务的机构纳入反洗钱监管、督促其加强反洗钱监测。这里所说的"其他类似的具有匿名、跨境流通便利等特征的虚拟货币",指的是其他类似比特币的所谓"加密电子货币",包括莱特币、狗币等。

第二,对比特币交易网站的要求。《通知》要求提供比特币登记、交易等服务的互联网网站应切实履行反洗钱义务,承担进行客户身份识别、可疑交易报告、配合反洗钱调查三项反洗钱义务。客户身份识别义务,既要求比特币交易网站做到识别所有注册用户的身份,使用户注册名称与用户的真实姓名、身份证号码等身份识别信息一一对应。可疑交易报告义务,即要求比特币交易网在全面了解用户状况的前提下,对所有比特币和其他类似虚拟商品的交易进行认真分析和研判,发现某项交易涉嫌洗钱的,应当立即向中国反洗钱监测分析中心报告交易的发生时间、参与者的基本信息和账户信息、交易金额等交易要素。配合反洗钱调查,即人民银行认为某项可疑交易需要进一步调查核实的,可以要求比特币交易网站如实提供有关文件和资料、交易记录等信息,比特币交易网站应当予以配合。同时,作为所有社会成员必须履行的义务,比特币交易网站发现使用比特币进行诈骗、赌博、洗钱等犯罪线索的,也应当及时向公安机关报案。

第三,对金融机构、支付机构的要求。《通知》在反洗钱方面主要要求金融机构、支付机构承担报告可疑交易、配合反洗钱调查的义务。同时,对于发现使用比特币进行诈骗、赌博、洗钱等犯罪线索的,金融机构、支付机构也应当及时向公安机关报案。

(五)明确要求加强对社会公众货币知识的教育及投资风险提示

比特币和其他各种所谓“加密电子货币”,之所以能够被冠以“网络货币”、“未来货币”等进行推广、营销和炒作,甚至造成了一种“取代传统货币”的假象,主要原因是我国社会公众仍缺乏对基本的货币知识的了解,对何谓“货币”、“法定货币”、“虚拟货币”还缺乏足够的认识,容易被误导。目前,我国社会公众还未建立起投资风险意识,不能有效、充分地识别和判断投资风险,容易基于从众的心理参与与其投资知识水平、风险承受能力不相适应的高风险投机活动。因此,《通知》要求各部门和金融机构、支付机构、在日常工作中应当正确使用货币概念,注重加强对社会公众货币知识的教育,将正确认识货币、正确看待虚拟商品和虚拟货币、理性投资、合理控制投资风险、维护自身财产安全等观念纳入金融知识普及活动的内容,引导社会公众树立正确的货币观念和投资理念。

三、《通知》的主要成效

《通知》是各国央行和监管部门中第一份对比特币及其他虚拟商品的性质进行界定,并提出较为系统的风险防控措施的法律文件。《通知》发布后,受到了各界的广泛关注,其观点也得到了各国央行和监管部门的认可。

目前,在各部门和金融机构、支付机构的共同努力下,《通知》起到了预期的警示效果,社会公众普遍对比特币等各种虚拟货币的性质有了正确的理解,对这些投机活动中所蕴含的巨大风险也有了充分的认识,相关风险防控工作取得了初步的成效。下一步,人民银行将继续会同相关部门做好比特币风险的防控工作,并基于自身职责,密切关注比特币的动向和相关风险,进一步加强对公众货币知识的教育、引导公众树立正确的货币观念和投资理念。

附件三

纽约州金融服务部提案

纽约法典、法规与条例

标题 23 金融服务部-金融服务管理者的监管

Part200 虚拟货币

制定法法源：金融服务法 sections 102，104，201，206，301，302，309 和 408

翻译：宋万雨

Section200.1 介绍

本部分含根据上述权限赋予管理者权力，实施涉及此处所定义的虚拟货币业务的条例。

Section200.2 定义

仅此部分的目的，下述定义将适用：

(a) 附属机构指直接或间接控制的任何人被其他人控制或共同控制。

(b) 网络安全事件意味着为获得未经授权访问、干扰或不正当使用合法的电子系统和存储在此类系统的资料的任何成功或不成功的行为与企图。

(c) 部门，纽约金融服务部。

(d) 法币指政府在该国通过政府法令、法规或法律条例的形式被用来作为法定货币发行的货币。

(e) 持牌人根据本部分正式授权的任何人。

(f) 纽约指纽约州。

(g) 纽约居民指在纽约定居、居住、有一个商业场所或在纽约从事业务的任何人。

(h) 人指个人、合伙企业、公司、协会、股份制协会、信托或其他有组织的商业联合体或企业。

(i) 主要负责人指一个实体的执行官，包括但不限于首席执行官、财务、运营和合规官、总裁、总法律顾问、总经理、一般合伙人、控制合伙人和受托人，如果适用。

(j) 主要股东指直接或间接拥有、控制或持有10%投票权或更多发行在外股份的任何类企业实体或拥有直接或导致决定实体管理或政策方向权力的任何人。

(k) 主要受益人指有资格获得一个信托收益10%或更多的任何人。

(l) 传输虚拟货币用第三方或通过第三方从一个人到另一个的转移，包括从一个人的存储账户到另一个人存储账户的转移。

(m) 虚拟货币指被用于交易媒介或数字化价值存储形式或被纳入支付系统技术的任何类型的数字单位。数字货币将被广泛地解释为包括交易中有一个中心化的存储与管理者的数字单位；或去中心化或没有中心化的存储库与管理者；或通过电脑与设备努力可以创造与获得。虚拟货币不得被解释为包括仅在在线游戏平台内部而没有在那些游戏平台外部使用的数字单位，虚拟货币也不得被解释为包括那些专用于客户亲和力或奖励计划的一部分的，以及仅能适用于发行者和/或指定商户的支付购买，却不能转换或兑换成法币的数字单位。

(n) 虚拟货币业务活动意味着纽约或纽约居民下列任何一种活动的行为：

(1) 接受传输或传输相同的虚拟货币。

(2) 为他人获取、储存、持有或保管或控制虚拟货币。

(3) 作为客户业务买卖虚拟货币。

(4) 执行零售转换服务，包括转换或交易法币或其他价值为虚拟货币，把虚拟货币转换为法币或其他价值，或：

(5) 控制、管理或发行虚拟货币。

制定法法源：金融服务法 Section102，201，301与302。

Section200.3 许可证

(a) 所需许可证。任何人不得在获得本部分的许可证的情况下从事任何虚拟业务活动。

(b) 禁止无证经营。禁止任何被许可方通过无证代理或代理协议从事任何虚拟货币业务。

(c) 豁免许可证的监管。以下人获豁免适用于本部分的许可证：

(1) 在纽约银行法下被特许进行交易服务和由监管批准从事虚拟货币业务活动的人；以及

(2) 仅仅为购买或销售商品和服务利用虚拟货币的商人与顾客

制定法法源：金融服务法102,201,301及302部分。

Section200.4

(a) 根据本部分申请许可证需要在宣誓下以书面形式按照监管条例的表格填写,包括以下内容：

(1) 申请人的确切名称,包括开展业务的(doing business as DBA)的任何名称、组织形式、组织日期,以及组织与整合的管辖权。

(2) 一个申请人的所有附属机构和说明申请人与这些附属机构的组织结构图的列表。

(3) 一个申请人及各董事以及申请人的主要负责人、主要股东和主要受益者的详细履历资料,包括这些人的姓名、物理及邮寄地址的列表,以及有关他们个人历史、经验与资格的资料与文件,由这些人,通过这样一种权威的方式,向部门告知资料。

(4) 一份由接受监管的独立调查机构为各申请人以及申请人的各主要负责人、主要股东以及主要受益人等适用者准备的背景报告。

(5) 为各申请人和申请人的各主要负责人、主要股东、主要受益人,如果适用,也包括所有被申请人雇佣的人：(i) 在采集了一套完整的指纹或一张带有日期的指示采集者的收据(必须是接受监管的供应商)的情况下,指纹提交到国家刑事司法服务司和联邦调查局；(ii) 如果适用,由管理者条例处理费用以及(iii) 两张个人肖像式照片,不超过2英寸。

(6) 一份申请人的管理结构和组织结构图,包括主要负责人或高级管理层，指明主要负责人或高级管理人员的权限与职责。

(7) 一份申请人和申请人的各主要负责人、主要股东及主要受益人的财务报表，如适用，还要一份未来一年申请人运营的收入费用表和资产负债表。

(8) 一份申请人的历史、现状和计划业务的描述，包括详细说明已提供和将提供的产品与服务，所有的相关网站复制申请人从事业务的司法管辖区，业务的主要场所，运营的主要市场，预计的客户基础，任何特定的市场(或营销，market)目标，以及运营在纽约的任何物理地址。

(9) 所有银行安排的细节。

(10) 所有的书面政策和程序，包括本部分所规定的条例的政策和程序。

(11) 一份描述进入任何行政、民事或刑事诉讼、诉讼模式或任何政府机构、法院或仲裁庭前的程序以及任何现存的、未决的或受威胁的行为、诉讼，或对申请人或其任何董事、主要负责人、主要股东和主要受益人已进入程序的(诉讼)，如适用，包括当事人的姓名的程序，程序的性质以及程序当前状态的宣誓书(经陈述者宣誓在法律上可采作证据)。

(12) 如适用，一份维护申请人和其董事或高级职员或其客户利益的保险政策副本。

(13) 一个用法币计量虚拟货币价值方法的解释。

(14) 管理者可能要求的其他附加资料。

(b) 作为该申请的一部分，申请人须证明符合本部分对许可证申请的全部要求

(c) 管理者可准许任何符合本部分要求或任何依据本部分要求通过电子方式安排或执行的申请。

制定法法源：金融服务法 Sections102，201，202，301 和 302。

Section200.5 申请费用

作为申请许可证的一部分，各申请人必须按照管理者条例的数额提交一份初步申请费，以支付申请处理费用、审查申请材料和调查财务状况与责任、财务及业务情况和申请人的经验、特点以及一般素质的成本。如果申请被拒绝或撤回，这些费用不会退回。各被许可者都可能需要支付给部门费

用以处理许可证相关的申请。

制定法法源：金融服务法，Section202，206，301，302与304-a国家行政程序法，section102。

Section200.6 监督行动

(a) 一般情况下，根据本部分填写许可证申请，支付所需费用，证明其符合遵守本部分条例的能力，管理者将调查申请人的经济条件与责任，财务和业务，经验、性格和一般素质。如果管理者发现贯穿于申请人的业务中的目的是本部分中的诚实、公正、公平、认真、高效这些值得信赖的品质并以一种凝聚社区信心和信任的方式负责，管理者应书面告知批准申请人的申请，并向申请人颁发许可证以实施虚拟货币商业活动，服从本部分条例以及其他管理者认为合适其他条件，不然管理者会拒绝申请。

(b) 批准或拒绝申请。管理者须在90天内根据填写的申请是否完整批准或拒绝每一个许可证申请，这90天的时间可能会由管理者行使自由裁量权加以延长一个合理期限，以符合本部分的条例。依照本部分颁发的许可证将保持充分的效力和影响力，直到在该部分所提供的许可证的被许可方放弃或被暂停或被吊销。

(c) 暂停或吊销执照。根据本部分规定所发行的执照，主管人可能以任何理由暂停或吊销。主管人可能不予发行原始执照，由于违反本部分任何条款，出于充分的理由，或者由于持牌人没能支付判决的赔偿(即在本州以内或以外的任何法庭，在由持牌人的虚拟货币交易活动引起的或者与之相关的诉讼中，原告或债权人应获得的赔款，在最终判决之后的30天内或者延缓执行到期或终止后立即的30天内，持牌人没能偿还赔偿)；然而，倘若由于法庭指令或者依照法律或其他规定，判决的执行被延缓，那么主管人不会在延缓期间以及其后的30天里执行暂停或吊销执照(由于没能支付判决的赔款所引起)的程序。正当理由指：持牌人在履行其职责或财物契约中已出现或很可能出现违约行为，或者从事可能对公众造成危害的非法、不诚实、错误或不公正的管理与实践。

(d) 根据本节规定已颁发的许可证不会吊销或撤销，除非经过了听证。管理者应以挂号信或保证邮件的方式该被许可方的主要营业地的方式书面通知被许可者听证的时间和地址，同时应留给被许可方不少于10天的时间。管理者任何吊销或撤销的命令应当载明依据并以挂号信或保证邮件的方式寄往持牌人在部门登记的主要营业地

(e) 初步禁令。当管理者认为与公众利益有关时，管理者可能会寻求一项初步禁令，以限制持牌人继续执行任何违反这一部分，金融服务法、银行法或宪法的条例。

(f) 保全权力。本部分的任何内容均不得被解释为限制了管理者在任何银行法、金融服务法、保险法下的任何权力，包括调查任何可能违反法律、规则、规章或施以惩罚或采取任意其他行动对付违反了这些法律、规则或规章的人的权力。

制定法法源：金融服务法 Sections102，301，302，305 和 309。

Section200.7 合规

(a) 一般。各持牌人都必须遵守所有适用的联邦和州法律、法规和规章。

(b) 合规官。各持证人应指定一名合格的个体或多个个体对本部分条例的合规政策与其他适用的联邦和州的法律、法规和规章的协调与监督负责。

(c) 合规政策。各持牌人须遵守执行书面合规政策，包括有关反欺诈、反洗钱、网络安全、隐私和资料安全以及本部分条例的必须被持证人的董事会或同等管理机构审查与批准的任何其他政策。

制定法法源：金融服务法 section102，301 与 302。

Section200.8 资本要求

(a) 各持牌人在所有时候都应保持资本充足，以使管理者充分确保持牌人和经营活动的财务操守。在确定持牌人必须持有的资本最低数额时，管理者会考虑多种因素，包括但不限于：

(1) 持牌人的总资产构成，包括各类资产的位置、规模、流动性、风险敞口及价格波动。

(2) 持牌人的总负债构成，包括各类负债的规模与还款时间

(3) 持牌人的虚拟货币业务活动的预期及实际数量。

(4) 持牌人是否已获授权或受金融服务法、银行法或保险法或其他法律条例等以金融产品服务的提供者的法律的管理者监管，以及持牌人在这些能力方面是否有良好的地位。

(5) 持牌人使用的杠杆比率。

(6) 持牌人的流动状况以及。

(7) 持牌人通过其信托账户或债券为其客户提供的金融保护。

(b) 各持牌人将被允许把它的留存收益与利润仅投资于如下以美元计价、一年期的高质量、投资级别允许的投资：

(1) 由美联邦或州监管机构监管下的金融机构出具的存款证明。

(2) 货币市场基金。

(3) 国家或地方债券。

(4) 美国政府证券；或：

(5) 美国政府机构证券。

制定法法源：金融服务法 section102，202，301 和 202。

Section200.9 客户资产的保管与保护

(a) 各持牌人都应当以一种管理者为保护持牌人客户而认为可接受的形式与数量为其客户的利益维持一个美元债券或信托账户。

(b) 在一定程度上一个持牌人为另一个人的利益担保、存储、持有或维持保管与控制虚拟货币，该持牌人将对其他人所持有虚拟货币同等形式和数量的债务与义务。

(c) 各持牌人禁止出售、转让、抵押、质押、借款、担保、典当或其他方式使用或妨害资产，包括这些持牌人为另一个人的利益持有、储存或维持或控制的虚拟货币。

制定法法源：金融服务法 sections 102，202，301 与 302。

Section200.10 业务重要变更

(a) 各持牌人都必须事先获得管理者对设计纽约居民的任何新计划或对介绍或提供新产品、服务、活动或变更现有产品、服务或活动的提议的书面批准。

（b）一个"重要变更"可能发生在：

（1）一项对现有产品、服务、活动提议的变更可能导致该产品、服务、活动与向管理者所列的申请有重大不同。

（2）提议的变更可能会引起一个关于产品、服务或活动可容许性的法律与监管问题；或：

（3）提议的变更可能会引起安全性或健全性或经营的担忧。

（c）持牌人须提交一份说明所提议重要变更的书面计划，包括对持牌人所经营业务、合规政策和许可对整体业务的影响，以及管理者要求的其他资料的细节描述。

制定法法源：金融服务法 sections 第 102，202，301 和 302。

Section200.11 控制权的变更；兼并与收购

（a）控制权的变更。除非事先经书面批准，不得采取任何导致持牌人控制权变更的行动。

（1）在控制权的任何变更前，一个寻求控制权变更的持牌人必须向管理者提交一份管理者许可形式的书面申请，包括申请人及如适用的所有董事、主要负责人、主要股东及主要受益人的细节资料。

（2）就本部分而言，"控制权"一词意味着拥有直接或间接的权力，不论通过持有该持照人的股票所有权或其他任何拥有该权力的任何人的股票，直接或导致决定持照人的管理与政策方向。如果一个人直接或间接拥有、控制或持有一个持照人 10％或更多投票权的股票或任何拥有、控制或持有 10％或更多投票权的股票的任何人都将被推定为存在控制权。

（3）管理者须在接受申请文件后的 120 天内批准或拒绝每一项申请。这 120 天的期限可能会被管理者以正当理由延长一个合理时期以使其符合本部分的要求与条件。

（4）在决定是否批准控制权的变更时，管理者须在其他因素中考虑公众利益以及公众的需求及便利。

（b）兼并和收购。除非经管理者事先的书面批准，不得采取任何可能导致并购或收购一个持照人资产全部或主要部分的行动。

(1) 在任何合并或收购前,必须将该实体将合并或获取实体的合并与收购书面计划提交给管理者。该计划须符合管理者要求的形式与实质,并须指明将合并的每一个实体,将要合并为的实体,或将要获得全部或实质获得持照人资产的实体,如果适用,还须说明合并或收购的条款与条件以及生效模式。

(2) 管理者须在收到向部门提交的提议计划后的120内批准或拒绝收购持照人全部或资产的主要部分的提议。这120天的期限可能会被管理者以正当理由延长一个合理时期以使其可能符合本部分的条件与要求。

(3) 在决定是否批准提议的合并或收购时,管理者须考虑公众利益及公众的需求及便利。

制定法法源:金融服务法 sections 102,202,301 和 302。

Section200.12 账簿与记录

(a) 各持牌人须就其虚拟货币业务相关活动,以原始格式或本地文件格式制作、保留、保存所有其账簿和记录,从创作之日起至少留存10年以上以备管理者根据条件确定是否遵守所有适用的法律、规则和条例。各持牌人所维护的这些账簿和记录,包括但不限于:

(1) 每项交易、交易金额、日期、交易的准确时间、任何付款指示、收取和支付给持照人,由持照人或代表持照人支付或收取的总费用以及名称、账号及交易双方的物理地址。

(2) 一份包含所有资产、负债、资本、收入、费用账目以及利润及亏损账目的总分类账。

(3) 银行清单及银行核对记录。

(4) 任何发送或提供给客户和交易对手的声明与估值。

(5) 董事会或同等管理机构的会议记录或备忘录。

(6) 证明符合州与联邦反洗钱法律、规则及条例的记录,包括客户识别与验证文件。链接到客户各自账户和余额的记录和所有违规行为的记录。

(7) 涉及客户投诉和交易错误的解决方法的通信或文件或关于可能导致违反法律、规则和条例的事实。

(8) 须按照本部分的条例保存的所有其他记录,以及:

(9) 管理者可能要求的所有其他记录。

(b) 经请求,各持牌人须允许部门直接访问该持牌人或其不论在何处的附属机构的所有设施、账簿、记录、文件或其他资料。

(c) 根据放弃财产法(Abandoned Property Law)在任何被认为已被放弃的虚拟货币是被放弃的财产后,未完成的、未偿付的或不活跃的虚拟货币账户或交易记录须保存至少5年以上。

制定法法源:金融服务法 sections102,202,301,302 与 306。

Section200.13 检查

(a) 各持牌人须准许并协助管理者检查,无论管理者判断该检查是必要的或可取的,但每两个日历年不少于一次,确定但不限于:

(1) 持牌人的财务状况。

(2) 经营的安全及稳健。

(3) 管理的政策。

(4) 是否遵守事务管理局的法律、规则及条例的要求;以及:

(5) 管理者可能确定的其他事宜,包括但不限于,如果管理者认为纽约州以外的持照人的任何涉及纽约或纽约州的活动会影响持牌人的业务。

(b) 各持牌人须准许并协助管理者在任何时间检查持牌人所有的账簿、记录、账户、文件以及其他资料。

(c) 各持牌人须准许并协助管理者作出确定一个持牌人是否违反了适用的法律、法规或条例的规定的特殊调查,并在必要时准许并协助管理者检查所有的设施、账簿、记录、账目、文件和其他资料。

(d) 为了确定持牌人的财务状况或他的安全及稳健的做法,当管理者判断有必要或可取的时候,持牌人须准许并协助管理者检查持牌人的附属机构。

制定法法源:金融服务法 sections 102,202,301 和 302。

Section200.14 报告与财务披露

(a) 各持牌人须于持牌人本财季结束后的45日内按规定形式向管理者提交财季报表,包括管理者规定的这些资料,但不限于以下资料:

(1) 持牌人的财务状况,包括完整的资产负债表、收入表、损益表、留存收益表、流动资产、净资产、现金流状况以及所有权权益变动表。

(2) 一份证明符合本部分任何财务要求的报表。

(3) 财务预测和战略业务计划。

(4) 一份所有表外项目的列表。

(5) 一份账目表,包括每一个账户的说明;及:

(6) 持牌人根据本部分规定获准投资的报告。

(b) 各持牌人须在其财年结束后的120天内向管理者提交按一般公认会计准则编制的、经审计的年度财务报表,和独立注册会计师的意见及该会计师对持牌人会计程序和内部控制的评估一起提交。所有这些年度财务报表必须包括:

(1) 管理层为准备持照人年度财务报表、建立和维持适当的内部控制和财务报告程序的责任声明,并遵守所有适用的法律、法规和条例的责任声明。

(2) 对持牌人在本财政年度内所适用的法律、法规及条例遵守真的情况进行评估,包括管理层对持牌人在该期间是否遵守了那些法律、法规和条例的结论。

(3) 经审计的财务报表由持牌人的一个高管或主管证明这些报表的真实性和正确性。

(c) 各持牌人须在持牌人或其任何适用的董事、主要股东、主要负责人、主要受益人面临的任何刑事诉讼或破产程序,即任何那些行动和程序启动后,立即书面通知管理者。

(d) 各持牌人须书面通知管理者任何根据Section200.4或本款提交给部门的以法币计价的虚拟货币计价方法变更的提议。

(e) 若根据本部分的规定发现任何违反或违背法律、法规或条例活动的行为,持牌人应立即向管理者报告。

(f) 若管理者规定,各持牌人须向管理者以规定的时间与形式另外作特别报告。

制定法法源:金融服务法 sections102,202,301,302和306。

Section200.15 反洗钱计划

在此引用的所有以美元衡量的价值,必须用一种方法去计算,来决定虚拟货币兑换成法定货币的价值。法定货币是根据本部分规定的部门所批准的。

(a) 各持牌人须进行初步的风险评估，须在建立、维护与执行反洗钱计划的基础上考虑法律、合规、财务和与持牌人活动、服务、客户、对手以及地理位置相关的声誉风险。持牌人须在年度基础上实施额外的评估，如风险变化或将更频繁，以及应适当修改其反洗钱计划以反映任何这种变化。

(b) 反洗钱计划的最低限度：

(1) 提供一个内部控制系统、政策和程序以确保符合所有适用的反洗钱法律、法规和规章的规定。

(2) 为持牌人的合格人士或合格外部团体就遵守反洗钱计划和反洗钱计划的有效性提供独立测试，其结果至少在每年向管理者提交的书面报告中总结一次。

(3) 指定一个合格的个体或多个合规个体负责协调和监督遵守反洗钱计划的日常工作。

(4) 为合适人员提供持续的培训以确保他们对反洗钱的要求有充分的理解并使他们能够确定需要上报的交易和根据本部分规定需要保持维护的记录。

(c) 反洗钱计划须包括一份书面的反洗钱政策并经持牌人的董事会或同等管理机构的批准。

(d) 各持牌人，作为反洗钱计划的一部分，须按下列方式记录并作出报告：

(1) 虚拟货币交易记录。各持牌人须为所有涉及支付、收据、兑换或转换、购买、出售、转让或虚拟货币传输的交易中保存以下信息：涉及当事人的身份和物理地址，交易的金额或价值，包括购买、出售或转让的面值，支付的方式，交易开始和完成的日期，以及交易的描述。

(2) 关于交易的报告。当持牌人参与一项或一系列与虚拟货币的收据(receipt)、兑换、转化、购买、销售、转让或传输，当单人每日金额合计超过1万美元时，持牌人须在24小时内按管理者规定的方式通知部门。

(3) 报告可疑活动。每个持牌人须对那些可能意味着洗钱、逃税或其他非法或犯罪活动的交易进行监控，并用管理者规定的方式通知部门立即对该交易进行检测。

(i) 各持牌人须根据适用的联邦法律、法律规和条例发送“可疑活动报告”(SARs)。

(ii) 持续的可疑活动须持续进行审查,可疑活动报告应当在上一个描述持续活动的文件归档的120天内备案。

(e) 持牌人不得以结构化交易或协助结构化交易,逃避本部分规定的报告要求。

(f) 若该行为会混淆个别客户或交易对手的身份,持牌人不得从事、便利或故意允许转让或传输虚拟货币。然而,这部分不得被解释为要求持牌人可以提供给公众由某个客户或交易对手转移虚拟货币的事实或性质。

(g) 各持牌人亦须将客户识别程序作为反洗钱程序的一部分。

(1) 账户持有人的识别与验证。向客户开放账户时,各持牌人必须,至少,验证客户身份,在一定程度上合理可行,保存用于验证该身份信息的记录,包括姓名、地址和其他识别信息并检查由美国财政部的一部分,外国资产控制办公室(Office of Foreign Asset Control,OFAC)列出的特别指定国民名单(Specially Designated Nationals,SDNs)。加强尽职调查可能需要基于其他因素,如高风险客户、高交易量客户或已备案的可疑活动报告账户。

(2) 加强对涉及国外实体账户的尽职调查。持牌人须维持对非美国人和非美国持牌人建立尽职调查政策、程序以及洗钱检测控制,包括在对外业务性质、类型和活动的目的,以及反洗钱和国外司法监督制度的基础上评估此类账户的风险。

(3) 禁止国外壳实体账户。持牌人不得与该类在任何国家都没有实际存在的实体保持任何类型的虚拟货币业务活动的联系。

(4) 大额交易的确认要求。每个持牌人都必须验证账户持有者发起交易时拥有的价值超过3000美元。

(h) 各持牌人须证明其有基于风险的政策、程序和措施,在最大程度上可行,确保符合外国资产控制办公室(OFAC)的适用性监管要求。

(i) 各持牌人须有适当的政策和程序来阻止和拒绝那种违反联邦或州法律、法规或条例的特定的或不允许的交易。

(j) 被持牌人指定的个人,根据 Section200.15(b)(3)负责反洗钱计划的日常运作,并至少(在最低限度上):

(1) 监控反洗钱法律,包括 OFAC 和 SDN 列表的更新,并相应地更新程序。

(2) 维持本部分规定要求保留的所有记录。

(3) 在提交前审查本部分规定的所有文件。

(4) 把问题升级至董事会、高级管理层,或适当的管理机构及寻求合适的外部顾问。

(5) 向董事会、高级管理层或合适的管理机构提供定期报告,至少每年一次,及:

(6) 确保符合有关培训要求。

制定法法源:金融服务法 sections201,202,302 和 404。

Section200.16 网络安全计划

(a) 一般。各持牌人须建立与维持一个有效的网络安全计划(program),以确保持牌人的电子系统的可用性与功能性,并保护那些系统和储存在那里的任何敏感数据避免未经授权访问、使用或篡改。网络安全计划的目的是执行以下五个核心网络安全功能。

(1) 识别内部和外部的网络风险,至少,确定存储在持牌人系统的信息,这些信息的敏感性,谁可能以及如何访问这些信息。

(2) 通过使用防御基础设施以及政策和程序的运用,保护持牌人的电子系统以及存储在这一系统上的信息,避免未经授权访问、使用和其他恶意行为。

(3) 检测系统入侵、数据泄露,未经授权访问或信息、恶意软件以及其他网络安全事件。

(4) 对检测到的网络安全事件作出回应,以减轻任何负面影响;及

(5) 从网络安全事件中恢复并恢复正常运作和服务。

(b) 政策。各持牌人须实施一个持牌人政策和程序的书面网络安全政策与程序以保护持牌人的电子系统和存储在那些系统上的客户与交易对手的数据,该系统须经持牌人的董事会或同等管理机构审查和批准,至少每年

一次。该网络安全政策必须解决以下几个方面：

(1) 信息安全；

(2) 数据管理和分类；

(3) 访问控制；

(4) 业务连续性和灾难恢复规划和资源；

(5) 能力和绩效计划；

(6) 系统操作和可用性问题；

(7) 系统和网络安全；

(8) 系统和应用开发和质量保证；

(9) 物理安全及环境管制；

(10) 客户资料私隐；

(11) 供应商和第三方服务供应商管理；

(12) 监督和实施不由持牌人直接控制的核心协议的变更;及：

(13) 事件反馈。

(c) 首席信息安全官。各持牌人须指定一名合格的员工作为持牌人的首席信息安全官(CISO)负责监督和实施持牌人的网络安全计划与执行其网络安全政策。

(d) 报告。各持牌人的首席信息安全官应准备一份向部门提交的报告,并向持牌人的董事会或同等级的管理机构展示一次,至少每年一次,评估持牌人电子系统的可能性、功能性与健全性,确定持牌人的相关网络风险,评估持牌人的网络安全计划,并对其中的任何确定的不足之处提出补救措施。

(e) 审计。各持牌人网络计划应,至少,包括如下所述的审计功能：

(1) 渗透测试。各持牌人须对其电子系统进行渗透测试一次,至少每年进行一次;对那些系统的脆弱性评估至少每季度进行一次。

(2) 审计系统。各持牌人须维护审计追踪系统：

(i) 跟踪和维护数据,可以使所有金融交易和账目完整与准确的重建。

(ii) 保护数据存储的完整性并作为审计线索的一部分从变更或篡改中保存。

(iii) 从变更或篡改中保护硬件的完整性,包括限制硬件的访问权限,把硬件封进锁定的笼子里(enclosing hardware in locked cages),维护硬件物理访问的日志,允许事件重建。

(iv)日志系统事件至少包括由系统或授权用户对访问或修改审计跟踪系统做的修改,所有的系统管理员功能在系统上执行;及:

(v)根据本部分对记录保存的要求作为审计跟踪(audit trail 或审计线索)的一部分将记录保持 10 年。

(3) 源代码审查。各持牌人应有一个独立的、合格的第三方对应用在持牌人业务经营上的任何内部开发的专有软件进行源代码审查,至少每年一次。

(f) 人员和情报。各持牌人应:

(1) 雇用网络完全人员充分管理持牌人的网络安全风险,并执行 Section200.16(1)—(5)所指明的核心网络安全智能。

(2) 提供和要求网络安全人员参加定期的网络安全更新和培训会议;及:

(3) 要求关键的网络安全人员采取措施应对不断变化的网络安全的威胁和对策。

制定法法源:金融服务法 section102,202,301 和 302。

Section200.17 业务连续性和灾难恢复

(a) 各持牌人应建立并维护一个设计合理的业务连续性和灾难恢复书面计划(BCDR)以确持牌人的服务在遇到紧急事件或其他干扰持牌人正常经营活动时的有效性和功能性。最低限度上,该 BCDR 应:

(1) 确定对业务持续经营必不可少的文件、数据、设施、基础设施、人员和能力。

(2) 确定负责实施 BCDR 计划各方面的管理人员。

(3) 包括一个与紧急事件或其他干扰持牌人必备人员沟通的计划,包括员工、交易对手、监管部门、监管部门、数据以及通信供应商、灾难恢复专家和其他任何对恢复文件和数据以及恢复经营不可缺少的人。

(4) 包括维护备用设施、系统和基础设施以及后备人员以及其他资源的程序,以便及时恢复数据和文件并尽快恢复正常经营活动中断后的业务。

(5) 包括把对持牌人经营必不可少的文件和数据以及站点外储存的信息(storing of the information off site)以足够的频率备份或复制的程序,以及:

(6) 确定对持牌人业务持续经营必要的第三方。

(b) 各持牌人应将 BCDR 计划的副本以及任何修订分发给相关员工并应在一个或多个可访问的异地维护 BCDR 计划的副本。

(c) 各持牌人应对所有负责实施 BCDR 计划的员工就他们的角色和职责提供相关培训。

(d) 各持牌人应就任何紧急或其他干扰了其经营、影响其履行监管义务或可能对持牌人、其交易对手或市场产生重大不利影响的事件,及时通知管理者。

(e) BCDR 计划应至少由合格、独立的内部人员或一个有资质的第三方测试一次,并相应修订。

制定法法源:金融服务法 section102,202,302 和 302。

Section200.18 广告与市场

(a) 各从事虚拟货币业务活动的持牌人不得在不使用持牌人的名称和持牌人"由纽约金融服务部授权从事虚拟货币业务活动许可"标志的情况下,在纽约或纽约居民中宣传其产品、服务或活动。

(b) 各持牌人须为管理者检查保持所有的广告及营销材料,包括但不限于印刷媒体、互联网媒体(包括网站)、广播和电视广告、道路展示材料、宣传小册子。各持牌人须保存复印件、网站截图以及广告和市场材料的音频和市场脚本,如适用。

(c) 各持牌人的所有广告和市场材料都应遵守联邦和州法律、法规和条例。

(d) 在所有的广告和市场材料中,各持牌人和任何以其名义行事的人与实体,均不得,直接或暗示,作出任何虚假、误导或欺骗性陈述或遗漏。

制定法法源:金融服务法,sections102,202,301 和 302。

Section200.19 消费者保护

(a) 重大风险披露。作为建立与客户关系的一部分和为,代表或和客户发起交易的前提，各持牌人应以清楚、显眼和易读的英语语言和持牌人的客户的其他主要语言，披露与其产品、服务和活动以及和虚拟货币相关的重大风险，一般，至少包括如下内容：

(1) 虚拟货币不是法定货币，没有政府背书，其账户和价值余额不受美国联邦存款保险公司或证券投资者保护公司保护。

(2) 州、联邦或国际等级的立法与监管变化可能对虚拟货币的使用、转让、交换和价值产生不利影响。

(3) 虚拟货币的交易通常是不可逆的，因而可能会因欺诈或意外交易造成无法追回的损失。

(4) 某些虚拟货币交易应被认为它被一个"区块链"分类账记录下来时做了，而不一定是客户发起交易的日期或时间。

(5) 虚拟货币的价值来源于市场参与者以虚拟货币兑换法币的持续意愿，这可能会导致一种特定虚拟货币的价值完全和永久性丧失，如果该虚拟货币的市场消失。

(6) 无法保证今天把虚拟货币作为支付方式的人将来还会继续这样做。

(7) 相对于法币，虚拟货币价格的波动性和不可预测性可能会在短时期内导致重大损失或纳税义务。

(8) 虚拟货币的性质可能会导致欺诈或网络攻击风险增加。

(9) 虚拟货币的特性意味着持牌人所经历的任何技术上的困难可能会妨碍客户访问或使用虚拟货币，以及：

(10) 客户的任何债券或信托账户可能不足以支付客户遭受的任何及全部损失。

(b) 一般条款及条件的披露。当为一个新客户开设账户，客户代表或和客户进入一个初始交易前，各持牌人应以清楚、显眼、易读的英语或持牌人客户的其他主要语言，披露与其产品、服务、活动和虚拟货币相关的条款与条件，一般至少包括以下内容，如果适用：

(1) 客户对未经授权虚拟货币的责任。

(2) 客户停止一个预先授权虚拟货币转让支付(stop payment of a preauthorized Virtual Currency transfer)和发起这样一个暂停支付的命令

的权利。

(3) 持牌人对任何适用于联邦或州法律、法规或条例的客户的责任。

(4) 持牌人在何种情况下不需要法院和政府指令，向第三方披露有关该客户账户的资料。

(5) 客户有权定期向持牌人收取定期的账目报表及估值。

(6) 客户有权收取收据、交易票或其他交易的证据。

(7) 顾客有权事先获得持牌人的规则或政策变更的通知；及：

(8) 客户开通账户时习惯上向客户披露的其他条款。

(c) 交易条款的披露。客户代表或和客户用虚拟货币交易前，各持牌人应用清楚、显眼和易读的英语或持牌人客户的任何其他主要语言，提供包含了交易的条款和条件的书面披露，这些条款和条件至少包括，在一定程度上适用：

(1) 交易额。

(2) 任何客户承担的费用(fees)、开销(expenses)、手续费(charges)，包括适用汇率。

(3) 虚拟货币交易的类型与性质。

(4) 一个该交易执行可能无法撤销的警告，如适用；及：

(5) 其他与这种性质交易相关的习惯性披露。

(d) 披露的确认。各持牌人应确保本部分(section)规定的所有披露要求均须得到客户收到的确认。

(e) 收据。在任何交易完成后，各持牌人应向客户提供一个包含下列信息的收据：

(1) 持牌人的名称及联系资料，包括由持牌人设立回答问题及注册投诉的电话号码。

(2) 该交易的类型、价值、日期和确切时间。

(3) 收取的费用。

(4) 汇率，如果适用。

(5) 持牌人不交付或延迟交付的责任。

(6) 持牌人的退款政策声明；及：

(7) 任何管理者要求的其他信息。

(f) 各持牌人须向部门提供根据 Section200.19(e)所要求的形式向客户提供的收据。

(g) 欺诈防范。持牌人不得从事欺诈活动，持牌人的客户是欺诈活动的受害者的有权向持牌人维持的任何信托基金、债券、保险政策提出索赔。此外，各持牌人应采取合理措施以检测和防止欺诈，包括建立和维护一个书面的反欺诈政策。反欺诈政策至少应包括：

(1) 欺诈高风险区域的识别与评估。

(2) 对已识别风险进行保护的程序和控制。

(3) 监测风险责任的分配；及：

(4) 定期评估程序及反欺诈程序、控制和监测机制的修订。

制定法法源：金融服务法 sections102，201，202，301，302，306 和 404。

Section200.20 投诉

(a) 各持牌人须建立和维护书面政策和程序以公平和及时地解决投诉。

(b) 各持牌人须以一种明确和显著的方式在其网站上，在任何物理地点和任何其他管理者规定的地点，披露以下内容：

(1) 供接收投诉的持牌人邮寄地址(mailing address)、电邮地址(email)和电话号码。

(2) 一份投诉人可能引起部门对其投诉注意的声明。

(3) 部门的邮寄地址、网站和电话号码，及：

(4) 管理者可能要求的其他资料。

(c) 各持牌人应在持牌人的投诉政策或程序发生任何变动的 7 天内向管理者报告。

制定法法源：金融服务法，section102，201，202，301 和 302。

Section200.21 过渡期

已从事虚拟货币业务活动的人必须在本条例生效之日起的 45 日内申请牌照。这样做时，该申请人应被视为遵守了该部分规定的持牌人要求直至管理者宣布其申请被拒绝，这种情况下其应立即停止在本州的经营。任何已从事虚拟货币业务活动的人没有在本条例生效之日起45日内提交牌照申请,应视为从事了未被授权的虚拟货币业务活动。

制定法法源:金融服务法 sections202,206,302,303,305,306,309,404和408。

行政法 sections63

图书在版编目(CIP)数据

无主货币. 2，2015年中国数字货币研究报告/沙钱，石玉萍，姬明佳著. —上海：上海社会科学院出版社，2015

ISBN 978-7-5520-1038-1

Ⅰ. ①无… Ⅱ. ①沙… ②石… ③姬… Ⅲ. ①电子商务—电子支付—支付方式—研究报告—中国—2015 Ⅳ. ①F713.36

中国版本图书馆CIP数据核字(2015)第256295号

无主货币(2)——2015年中国数字货币研究报告

著　　者：沙　钱　石玉萍　姬明佳
责任编辑：杨　国
封面设计：陆红强
出版发行：上海社会科学院出版社
　　　　　上海淮海中路622弄7号　电话63875741　邮编200020
　　　　　http://www.sassp.org.cn　E-mail:sassp@sass.org.cn
排　　版：南京展望文化发展有限公司
印　　刷：上海信老印刷厂
开　　本：710×1010毫米　1/16开
印　　张：11
插　　页：1
字　　数：167千字
版　　次：2015年11月第1版　　2015年11月第1次印刷

ISBN 978-7-5520-1038-1/F·324　　定价：38.00元